I0089087

ÉLISABETH

DE FRANCE.

Yth
5806

IMPRIMERIE PIHAN DELAFOREST (MORINVAL),
RUE DES BONS-ENFANS, N°. 3¼.

ÉLISABETH

DE FRANCE,

TRAGÉDIE EN CINQ ACTES

ET EN VERS;

Par M. Alexandre Soumet,

DE L'ACADÉMIE FRANÇAISE.

REPRÉSENTÉE POUR LA PREMIÈRE FOIS SUR LE THÉATRE-FRANÇAIS,
LE 2 MAI 1828.

SECONDE ÉDITION.

PARIS.

DELAFOREST, LIBRAIRE, PLACE DE LA BOURSE,
RUE DES FILLES-ST.-THOMAS, N°. 7;

J. N. BARBA, COUR DES FONTAINES, N°. 7,
ET PALAIS-ROYAL, RUE ST.-HONORÉ, N°. 210.

1829.

PERSONNAGES.	ACTEURS.
PHILIPPE II, Roi d'Espagne.	M. Ligier.
ELISABETH DE FRANCE.	Mlle. Duchesnois.
DON CARLOS, prince royal.	M. Firmin.
LE DUC D'ALBE, favori de Philippe.	M. Menjaud.
ALVARÈS, solitaire qui habite les rochers d'Aldovéra, près de Madrid.	M. Desmousseaux.
D'EGMONT, ambassadeur de la Belgique.	M. David.
LE CHEF DU TRIBUNAL, vieillard aveugle, âgé de 90 ans.	M. Demilatre.
LA MARQUISE DE MONDÉJAR, dame de la Reine.	Mme. Masson.
LE DUC DE MÉDINA SIDONIA, grand amiral.	M. Delafosse.
GUSMAN, capitaine des gardes.	M. Mabits.
HERMANN, ami de d'Egmont	M. Lecomte.
Un Page de la Reine.	

Dames, Grands d'Espagne, Pages, Officiers et autres personnages muets. Révoltés belges.

———◆———

Le premier acte se passe dans les rochers d'Aldovéra, aux environs de Madrid. Les quatre actes suivans, dans le palais de Philippe.

———◆———

Nota. — Quelques critiques n'ont voulu voir dans *Élisabeth de France* qu'une imitation de *Don Carlos*, de Schiller, c'est une erreur; le plan de mon ouvrage n'a absolument rien de commun avec la tragédie de l'illustre auteur allemand, à qui je n'ai emprunté que deux scènes et quelques détails. Parmi ces emprunts, il en est un que j'avais retranché d'abord, pour rendre l'action plus rapide, et que je rétablis dans cette seconde édition, au commencement du troisième acte.

ÉLISABETH

DE FRANCE.

ACTE PREMIER.

Le théâtre représente une vue de l'ermitage d'Alvarès, placé sur des rochers élevés. Un torrent descend de ces rochers.

SCÈNE PREMIÈRE.

D'EGMONT, HERMANN, Conjurés belges de la suite de d'Egmont.

D'EGMONT.

Ce torrent... cette croix... je ne me trompe pas;
C'est ici qu'en secret il doit por'er ses pas.
Arrêtons-nous.
(D'Egmont et Hermann s'avancent; les conjurés demeurent au fond du théâtre.)
Voilà le solitaire asile
Où, depuis quarante ans, loin des humains s'exile
Ce pieux Alvarès dont la sainte ferveur
De Philippe jamais n'a subi la faveur.
Il vient au nom du Ciel, dans ces jours de vengeance,

A la religion rendre son indulgence.
Le malheur, le remords à ses pieds appelé,
En écoutant sa voix est déjà consolé ;
Il prête sa parole à celui qui pardonne,
S'enrichit dans les cieux de tous les biens qu'il donne,
Et semble sur ces monts, fixant la charité,
S'élever entre l'homme et la Divinité.
Ah ! qu'il ressemble peu, béni par le Ciel même,
Au chef mystérieux du tribunal suprême,
A ce juge sinistre, abhorré, tout-puissant,
Terrible, et qui jamais n'a trouvé d'innocent !

HERMANN.

Intrépide d'Egmont, vous dont l'âme énergique
Vient au joug d'un tyran soustraire la Belgique.
Quel nouveau défenseur, à nos desseins promis,
Aux monts d'Aldovéra doit joindre nos amis ?

D'EGMONT.

Carlos !!!

HERMANN.

L'infant d'Espagne ?...

D'EGMONT.

Ici je viens l'attendre.
Oui, nous fûmes unis dès l'âge le plus tendre ;
Son âme ne sait point se donner à demi,
Quoique fils d'un monarque, il possède un ami.
Quand je revois Madrid, après trois ans d'absence,
Un maître rigoureux lui défend ma présence.
Philippe, des tyrans pratiquant les leçons,
A jusque sur l'infant étendu ses soupçons,

Et, sombre possesseur d'un trône solitaire,
Commencé par son fils le malheur de la terre;
Il le craint, il le hait, et je veux que Carlos
Embrasse noblement nos généreux complots.

HERMANN.

Venir nous joindre ici, c'est hasarder sa tête.

D'EGMONT.

L'affreux auto-da-fé, dont Madrid voit la fête,
Autour de ses bûchers tient Philippe arrêté.
Ce supplice nous laisse un jour de liberté:
On peut, de ces rochers, en voir la flamme...

HERMANN.

O crimes!

Il offre au Ciel la mort de soixante victimes!
Il croit dans ses fureurs et son égarement,
Que Dieu...

D'EGMONT.

Ce roi jamais ne le prie autrement.
Ce lieu nous favorise; ami, de la prudence;
J'ai caché dans mon sein l'acte d'indépendance.
Le Brabant sera libre, oui, ce bras le défend;
Nos provinces pour chef ont désigné l'infant.
Bientôt... Il vient à nous... Que l'on nous laisse ensemble,
Et que près de ce lieu la forêt vous rassemble.

(HERMANN sort avec les conjurés.)

SCÈNE II.

CARLOS, D'EGMONT.

CARLOS, *se jetant dans les bras de d'Egmont.*

D'Egmont!!!

D'EGMONT.

Mon cher Carlos!!

CARLOS.

D'Egmont... heureux momens !
Ah! que j'avais besoin de ces embrassemens !
Qu'ils soulagent mon cœur du fardeau qui l'oppresse !

D'EGMONT.

Cher prince, votre accueil alarme ma tendresse ;
Quels maux de vos beaux jours semblent ternir la fleur ?
Sur le front de Carlos, pourquoi cette pâleur ?
Un peuple de héros m'envoie à votre père;
Mais c'est surtout en vous que la Belgique espère.
Le cœur de don Carlos a toujours palpité
Au beau nom de la gloire et de l'humanité.
Dans vos yeux aujourd'hui je cherche en vain votre âme.

CARLOS.

Ce n'est plus ce Carlos plein d'une noble flamme,
Que du doux nom d'ami ta tendresse appela ,
Qui brûlait pour la gloire, et qui dans Alcala ,
Partageant de ton cœur l'espérance éphémère,

D'une Europe nouvelle enfantait la chimère.
Le malheur m'a dompté.

D'EGMONT.

Non , je ne te crois pas;
Ami , relève-toi.

CARLOS.

Je suis tombé si bas !

D'EGMONT.

Un peuple entier t'implore en sa misère extrême.

CARLOS.

J'ai besoin de garder ma pitié pour moi-même!
Pour moi seul...

D'EGMONT.

Sur tes maux ne peux-tu m'éclairer?
Dans les bras d'un ami n'oses-tu pas pleurer?

CARLOS.

Non , Philippe nous voit; je veux, je dois me taire.
Aussi loin que s'étend le sceptre de mon père,
Il n'est pas une place où mes longues douleurs,
Ami , puissent jamais s'adoucir par des pleurs.
Laisse-moi mon secret, laisse-moi ma souffrance.

D'EGMONT.

Toi, Carlos, laisse-moi ma sublime espérance.
Ranime tes esprits lâchement abattus;
Crois-tu que le malheur dispense de vertus?
Remporte sur ton cœur une noble victoire,
Qu'il se tourne à ma voix du côté de la gloire,
Et tu le sentiras, heureux ou malheureux,

Battre plus librement dans ton sein généreux.
N'ai-je dans Graveline, aux champs de Cérisoles,
Sauvé deux fois l'honneur des lances espagnoles,
Que pour voir aujourd'hui Don Carlos oublier
Que ce fut cette main qui l'arma chevalier?
Deux mondes, quelque jour, seront ton apanage.
S'il te souvient encor des rêves du jeune âge,
S'il te souvient encor de l'immortel dessein
Que la voix d'un ami fécondait dans ton sein,
Voici l'instant d'agir, un peuple te réclame,
Les destins de l'Europe ont mûri dans ton âme.
Nous n'aurons pas formé de projets superflus,
Je reçus tes sermens... Tu ne t'appartiens plus...

CARLOS.

Qu'exiges-tu de moi?

D'EGMONT.

       Le Brabant te demande;
Deviens son chef... Il veut qu'un héros le commande.

CARLOS.

Qu'entends-je... Près de moi par le Belge envoyé !!!

D'EGMONT.

Carlos d'un tel honneur serait-il effrayé?
Ce peuple se confie à ton mâle courage.
Veux-tu que le duc d'Albe achève son ouvrage?
Et qu'il retourne aux bords dont il s'est vu bannir,
Pour qu'il n'y reste plus un seul homme à punir.

CARLOS (*avec une fureur concentrée*).
Le duc d'Albe...

D'EGMONT.

      Le sang devant ses pas ruisselle.

On t'appelle à Namur, ou t'attend dans Bruxelle,
Lis :

(Il lui donne l'acte d'indépendance.)

CARLOS (*il lit*).

Au duc de Brabant :

D'EGMONT.

C'est toi.

CARLOS.

Mais mon devoir...

Philippe...

D'EGMONT.

Nous pourrons rentrer sous son pouvoir.
Mais viens nous protéger. Que son fils m'accompagne ;
Toi seul peux conserver la Belgique à l'Espagne ;
Elle a dû s'affranchir d'un joug trop rigoureux ;
Viens soumettre ce peuple en le rendant heureux.

CARLOS.

Quoi ! ne puis-je servir une cause si belle,
Délivrer le Brabant, sans devenir rebelle ?

D'EGMONT.

La main d'un fier tyran s'appesantit sur nous.

CARLOS.

Si du Roi, de mon père, embrassant les genoux,
J'obtenais...

D'EGMONT.

Qu'un espoir si trompeur se dissipe.
Je n'ai vu qu'une fois le sévère Philippe,
Mais mon cœur, malgré moi, frémit à son abord ;

Il venait de signer trois sentences de mort.
Tes vœux lui sembleraient une nouvelle offense,
Jamais le nom de fils n'a flatté ton enfance.
Que dis-je, Elisabeth fut promise à Carlos...

CARLOS.

Ami, ne mêlons pas ce nom à des complots.
Je veux parler au Roi...

(Il remet à D'EGMONT l'acte d'indépendance.)

La Belgique m'est chère.
Si Philippe m'apprend que je n'ai plus de père...
Alors...

D'EGMONT.

Il me suffit.

CARLOS.

Jaloux de son pouvoir,
Le Roi n'a point encor voulu te recevoir.

D'EGMONT.

Ah! n'espère jamais que son orgueil pardonne
Ce nom d'ambassadeur que le Brabant me donne.
D'Albe a juré ma mort; d'Albe est son favori :
Tes efforts seront vains. La fille de Henri,
Son épouse n'a pu servir mon espérance,
Je portai ses couleurs dans un tournois, en France,
Et je m'étais flatté qu'auprès de son époux
Sa généreuse voix s'élèverait pour nous;
Tout reconnaît ici sa douce bienfaisance...

CARLOS.

Une seconde fois invoque sa puissance.
Redemande à la voir.

D'EGMONT.

Tu l'exiges, adieu.

Je rejoins nos amis, cachés près de ce lieu ;
Retourne vers Madrid : ces rochers solitaires
A tous nos entretiens prêteront leurs mystères;
Reprends et l'espérance et l'âme d'un guerrier;
Chaque instant de retard nous prive d'un laurier.
Tout un peuple s'essaie à sortir d'esclavage,
Ici l'on délib..., ou meurt sur son rivage.
Si ce trépas illustre a de quoi nous tenter,
Viens absoudre le trône où Carlos doit monter.

SCÈNE III.

CARLOS, *seul.*

(Il s'assied sur un rocher.)

C'est ici qu'Alvarès, ce mortel secourable,
Trouve de la vertu le calme inaltérable.
Carlos, dans ces rochers, se sent plus criminel.
Là l'éternel repos,

(Il place sa main sur son cœur.)

Là l'orage éternel ;

Mon cœur gémit, blessé d'une atteinte profonde,
Je rêve, sans plaisir, la liberté du monde.
Malheureux... Quel objet tient mes sens asservis?
Philippe méritait de m'avoir pour son fils :
Élisabeth... Ma mère!... Elle est ma mère... O rage !!!
Silence... Dévorons mes maux et mon outrage.

Aux genoux de Philippe, implorons en ce jour
La faveur de quitter ce dangereux séjour.
Fuyons... Oui je pourrais... Allons mourir loin d'elle,
Pour que ma mort du moins ne soit pas criminelle.

SCÈNE IV.

ALVARÈS, CARLOS.

ALVARÈS, *qui est descendu de la colline, s'arrête quelque*
temps avant de parler à Carlos.

Mon fils !

CARLOS, *se levant et à part.*

Ciel !

ALVARÈS.

Je n'ai point entendu vos discours,
J'ai vu vos pleurs...

CARLOS.

Hélas !

ALVARÈS.

Si mes pieux secours
Pouvaient d'un inconnu soulager la misère,
Si mes soins consolans...

CARLOS, *en s'éloignant.*

Priez pour moi, mon père.

SCÈNE V.

ALVARÈS, *seul.*

Il souffre, je sais lire au cœur des malheureux ;
Rends-moi digne, Seigneur, de te prier pour eux.
Mais le soleil s'abaisse, et déjà voici l'heure
Où l'on doit visiter ma lointaine demeure.
Relisons ce billet, qu'on vient de m'apporter.
    (Il lit.)
« Une femme à vos pieds demande à se jeter;
» Au coucher du soleil, que votre humble retraite
» Daigne un instant s'ouvrir à sa douleur secrète. »
Ah! que les malheureux disposent de mes jours,
Au pied de ces rochers, je les attends toujours.
Qu'elle vienne... Je vois, dans l'étroite vallée,
Deux femmes s'avancer vers ma grotte isolée;
C'est elle... La frayeur semble hâter ses pas.

SCÈNE VI.

MATHILDE, LA REINE, ALVARÈS.

LA REINE. (*Elle vient du côté opposé à celui par où s'est
éloigné Carlos, et elle remet son voile à sa compagne.*)

Veille sur moi, Mathilde, et ne t'éloigne pas.
    (Elle s'approche d'Alvarès.)
Du pieux Alvarès c'est là l'humble demeure?

ALVARÈS.

Lui-même est devant vous.

LA REINE.

     Le repentir qui pleure,
A ses pieds prosterné, jamais n'implore en vain
Ce mortel éclairé par un rayon divin.
Daignez, pour apaiser la justice éternelle,
Accueillir les remords d'une âme criminelle.

ALVARÈS.

Vos vœux seront remplis; oui, je vous le promets,
La clémence des cieux ne s'épuise jamais.
Ouvrez-moi votre cœur.

LA REINE.

     Je ne dois point vous taire
Le danger que sur vous attire un tel mystère;
Cet aveu, ce secret d'où dépend tout mon sort,
Est un secret terrible et peut donner la mort.

ALVARÈS.

Parlez, et que j'en sois le seul dépositaire;
Pour faire un peu de bien Dieu me mit sur la terre.
Quels que soient les dangers qu'on me fasse prévoir,
Je me confie aux cieux, et je fais mon devoir.
Je n'écouterai point une lâche prudence.
Avant de commencer la triste confidence,
Votre nom?

LA REINE.

Dieu vengeur!

ALVARÈS.

Qui vois-je devant moi ?

LA REINE.

La reine.

ALVARÈS.

Ciel !!

LA REINE.

La reine !!!

ALVARÈS.

Elisabeth ? Eh ! quoi !
C'est vous qui me parlez de remords et de crime !
Vous, qui de l'univers avez conquis l'estime ;
Vous, femme de Philippe, assise à son côté,
Qui, versant sur son trône un éclat enchanté,
Des vertus, dans son cœur, ressuscitant la flamme....

LA REINE.

Ecoutez la coupable et tremblez pour son âme,
Vous le savez... Avant d'habiter ce séjour,
La France, doux pays où j'ai reçu le jour,
La France, dont mon cœur garde toujours l'image,
Flattait mes jeunes ans de son brillant hommage,
M'entretenait de gloire, et reportait sur moi
Tout l'amour dont ce peuple environne son Roi.
Présidant les tournois, où la chevalerie
Attachait sa devise à ma couleur chérie,
Ignorant l'infortune et ses jours orageux,
J'abandonnais ma vie à de paisibles jeux,
Comme si le Très-Haut, dont l'œil nous environne,

2

Ne m'eût point réservé le poids d'une couronne.
Mes vœux impatiens volaient vers l'avenir;
Au prince don Carlos l'hymen devait m'unir.
Par des ambassadeurs ma foi lui fut promise,
Et même son image en mes mains fut remise.
Sans prévoir que mes vœux seraient bientôt trahis,
Pour épouser Carlos je quittai mon pays,
Et Philippe voulut, aux portes de l'Espagne,
Recevoir de son fils la future compagne.
Ce jour changea mon sort; il me vit, il m'aima.
Je n'accuserai point la main qui m'opprima.
De la paix sur moi seule on fondait l'espérance,
J'immolai mon bonheur à celui de la France;
Elisabeth alors n'avait point vu Carlos;
Loin des murs de Madrid, ce guerrier, ce héros,
Apprit de mon hymen la nouvelle imprévue,
Et son père, deux ans, l'écarta de ma vue.
Enfin, ô jour fatal, dans les jeux d'un tournois,
Ce prince m'apparut pour la première fois.
Jeune, fier, valeureux, brillant, couvert de gloire,
Son front réfléchissait l'éclat de sa victoire,
Et son regard empreint d'une douce langueur,
Semblait réaliser le rêve de mon cœur.
Ce regard se fixa dans mon âme éperdue,
Je sentis qu'à jamais ce jour m'avait perdue,
Et mon cœur dans mon sein battit avec effort,
Comme si j'entendais ma sentence de mort.
O funeste union! ô crime involontaire!
Je brûlai pour celui qui me nommait sa mère!
Pleurs, combats, désespoir, remords, secours divin,

Pour oublier Carlos, mon père, tout fut vain.
Et la nuit, prosternée au fond du sanctuaire,
En prononçant son nom je changeais de prière.
Je me sentais tombée aux mains du Dieu vengeur,
L'œil sombre de Philippe observait ma rougeur,
Et peut-être épiant mes feux illégitimes,
Déjà pour l'échafaud marquait ses deux victimes.
Carlos!! Si cette mort devait nous réunir;
Si mon âme et la tienne, au sein de l'avenir...
Mais, dans l'éternité, mon crime nous sépare!
Voyez le désespoir qui de mon cœur s'empare,
Mes pleurs, mon repentir, mon funeste abandon;
Laissez-moi croire encore au céleste pardon;
Sauvez cette coupable et cette infortunée,
Au sein de la poussière, à vos pieds prosternée,
Et qui succomberait bientôt à sa douleur,
Si vos saintes vertus n'égalaient son malheur.

ALVARÈS.

Reine!

LA REINE.

Dieu! ce regard! Vous repoussez mes larmes!

ALVARÈS.

Ma fille, levez-vous. Vos remords, vos alarmes,
Les nœuds qu'avec Carlos vous aviez dû former,
Ne vous excusent point du crime de l'aimer;
Mais de vous repousser mon cœur est incapable,
Vous êtes malheureuse encor plus que coupable;
J'appartiens à tous ceux dont je vois les douleurs:
Vous souffrez, vous pleurez, et je vous dois des pleurs.

Carlos est-il instruit du secret qui le touche?

LA REINE.

Si jamais il entend cet aveu de ma bouche,
Puisse le ciel, qu'en vain je n'attesterais pas,
Me frapper à ses yeux du plus affreux trépas.

ALVARÈS.

Son cœur partage-t-il cette coupable flamme?

LA REINE.

Je le crains.

ALVARÈS.

      Vos regards ont mal lu dans son âme,
Peut-être?

LA REINE.

      Non, il m'aime et c'est avec effroi,
Que j'ai vu sur son front qu'il souffrait comme moi.
Seule dans cette cour, à Philippe livrée,
De regards délateurs je me vois entourée;
Je n'ose même, hélas! dans mes troubles mortels,
M'accuser de mon crime au pied des saints autels,
De peur de compromettre, en cette confidence,
Le secret du remords et de la pénitence.
Ah! ce long désespoir de ma force est vainqueur!
Si la religion ne parlait à mon cœur,
Un prompt trépas trompant le destin qui m'opprime...

ALVARÈS.

Ciel!

LA REINE.

     Mes maux sont si grands! de l'indulgence...

ALVARÈS.

O crime!

Vous parlez de remords et voulez rejeter
Le fardeau de douleurs que Dieu daigna porter!...

LA REINE.

Il devient trop pesant; que ce Dieu me soutienne.

ALVARÈS.

La fille de Henri, la reine, une chrétienne!...
Ainsi des passions le souffle envenimé
Flétrit un cœur si pur pour la vertu formé.
Ainsi vous oubliez, dans votre rang suprême,
A quel prix le Très-Haut nous donne un diadême?
Et que les rois ne sont élevés par ses mains
Que pour servir d'exemple au reste des humains.
Implorez son appui, placez-vous sous sa garde,
Saint Louis, votre aïeul, dans les cieux vous regarde.
Fuyez des vains regrets le trouble empoisonneur.
Vous pleurez vos beaux jours, vous pleurez le bonheur,
Ah! croyez-en la voix de l'humble solitaire,
Un long cri de douleur s'élève de la terre;
Chacun a ses tourmens, ses pénibles aveux,
Le bonheur est placé plus haut que tous nos vœux.
Cessez d'éteindre en vous les saintes espérances,
Redoublez vos bienfaits pour calmer vos souffrances,
Informez-vous, avant de chercher à mourir,
S'il n'est plus sur la terre une larme à tarir.
O toi qui peux donner la paix qu'elle réclame,
Si de la charité je ressentis la flamme,
Si, durant quarante ans, pour te servir toujours,

Je lis un abandon de chacun de mes jours,
Détourne, Dieu puissant, l'arrêt irrévocable,
Donne-moi la moitié du fardeau qui l'accable,
Aplanis sous ses pas son douloureux chemin,
Et pour la soutenir, daigne avancer la main.
Ma prière, ô mon Dieu, ne peut t'être importune,
Tu bénis tous les vœux formés pour l'infortune.

LA REINE.

Il a béni le vôtre; oui, j'éprouve en effet,
D'un calme inattendu le charme et le bienfait.
A vos pieux conseils désormais asservie,
Comme un don du Seigneur je chérirai la vie,
Je ferai plus, je veux, malgré mon noir chagrin,
Me montrer à Philippe avec un front serein;
Je saurai renfermer ma plainte douloureuse,
Pour faire son bonheur, je feindrai d'être heureuse...

ALVARÈS.

L'ombre dans peu d'instans remplacera le jour,
Ne redoutez-vous pas, qu'absente de la cour...

LA REINE.

Le supplice effrayant que Madrid renouvelle
Retient toute ma cour à sa pompe cruelle;
Et je puis, sans danger, par des détours secrets,
Rentrer avec la nuit au sein de mon palais.
Une femme française en ce lieu m'accompagne.

ALVARÈS.

Vous m'avez dit qu'avant d'être reine d'Espagne,
Comme un gage des nœuds à son espoir promis,

Le portrait de Carlos en vos mains fut remis.
Vous ne possédez plus, reine trop malheureuse,
Du fils de votre époux l'image dangereuse ?

LA REINE.

Pardonnez ma faiblesse !...

ALVARÈS.

                    Il faut s'en séparer..
En présence du ciel, Madame, il faut jurer
D'accomplir dès demain ce sacrifice austère.

LA REINE.

Elisabeth n'a pas d'autre bien sur la terre !
          (Elle sort de son sein un portrait attaché à une chaîne d'or.)

ALVARÈS.

Elle en a dans les cieux... Mais que vois-je !

LA REINE.

                              O douleurs !
Ces traits depuis trois ans s'effacent sous mes pleurs.

ALVARÈS.

Reine, Reine !...

LA REINE.

          Il le faut, Dieu terrible, pardonne !
Il semble qu'avec lui mon âme m'abandonne !
Il semble, demeurant et sans force et sans voix,
Que je perde Carlos une seconde fois.

ALVARÈS.
(Il prend le médaillon.)
Plus d'indignes soupirs, plus de faiblesse humaine ;

De douleurs en douleurs allons où Dieu nous mène,
Le prix de nos efforts, le prix de nos combats,
Est un trésor sacré qui n'est point ici-bas.
Laissez de votre cœur s'affermir la constance,
Couvrez-vous devant Dieu de votre pénitence;
Et que vos jours, exempts de regrets criminels,
Ne soient pas tous perdus pour les jours éternels.

LA REINE.

Toi qui vois mes remords, toi qui vois ma souffrance,
Dieu des infortunés, donne-moi l'espérance.

ACTE II.

Le théâtre représente une des salles du palais de Philippe, une table couverte de papiers, d'un globe et de plusieurs cartes géographiques, est placée sur le devant de la scène; deux flambeaux l'éclairent. Des pages endormis occupent le fond du théâtre.

SCÈNE PREMIÈRE.

LE ROI. (*Il reste quelque temps dans l'attitude d'un homme livré aux plus pénibles réflexions.*)

Elle cherche à cacher ses ennuis éternels...
Elle pleure en secret... ses pleurs sont criminels;

Criminels ! ! oh ! non ! non !... Chassons ce doute horrible,
Il pourrait m'entraîner à quelque éclat terrible.

(Il regarde une carte déployée sur la table.)

Travaillons.... De ses fers le Brabant veut sortir ;
Il soulève le joug... il faut l'appesantir...
D'Albe y retournera.

(Il regarde le globe.)

                    Ma flotte d'Amérique
Passe sous Gibraltar pour surveiller l'Afrique.
Oui, j'ai tracé sa route.

(Il ouvre une lettre.)

                    En secret condamné,
Guillaume l'hérétique est mort assassiné.
On a tenu parole, et l'hydre renaissante
Tombe et meurt avec lui... La Reine est innocente.
D'aucun lâche désir son cœur n'est combattu,
Et le bandeau royal répond de sa vertu.
Il est de saints devoirs qu'elle ne peut enfreindre.
Si je craignais, j'aurais bientôt cessé de craindre.
Oui, tous deux... Imprudent ! Mes pages près de moi...

(Il se lève et s'approche des pages.)

Mais non, personne ici ne veille que le Roi.

(Il s'arrête et considère l'un des pages endormis.)

Ah ! qu'il dorme celui devant qui je m'arrête ;

Son père fut un traître, on fit tomber sa tête.
N'ai-je pour me garder dans mon royal séjour,
Que les enfans de ceux que j'ai privés du jour ?
Un peuple de flatteurs tout le jour m'environne ;
Leur orgueil à genoux mendie autour du trône :
Mais la nuit, on est seul, et je ne sais pourquoi
Un enfant endormi m'inspire de l'effroi.

(Il prend sur la table un portrait de la Reine.)

O toi, charme et tourment de ce cœur solitaire,
Toi, sans qui je n'aurais rien aimé sur la terre,
De mon aveugle amour pourquoi me punis-tu ?
On est toujours puni de croire à la vertu !
Insensé ! Quoi vingt ans de grandeur souveraine
Ne m'ont pas détrompé de toute erreur humaine ;
Malheur, malheur au roi qui, du monde vainqueur,
Au milieu des mortels n'isole pas son cœur,
Et de tous leurs penchans subissant les entraves,
Ne se contente pas d'être entouré d'esclaves.
Le pouvoir place un roi hors de l'humanité ;
Apaise tes clameurs, nature.

(Il s'approche d'une croisée.)

                                        La clarté
Ne paraît point encore et la nuit règne obscure.
Mais le Roi ne dort pas : Il est jour.

(Il agite une sonnette, les pages se lèvent.)

                                        Qu'on s'assure
Si le duc d'Albe est là... Quelle nuit sans sommeil ! !

SCÈNE II.

LE ROI, LE DUC D'ALBE.

D'ALBE.

De Votre Majesté j'attendais le réveil.

LE ROI, *lui montrant les papiers dont la table est chargée.*

J'ai devant ces écrits passé la nuit entière.

D'ALBE.

Ah! d'un sujet fidèle écoutez la prière,
Ménagez pour l'état des jours si précieux;
Un instant de sommeil.

LE ROI.

Il a fui de mes yeux;
Le sommeil!!! je me dois aux soins de la couronne.
Tant qu'un monarque dort, il y va de son trône;
Le sommeil!!! il m'attend au fond des noirs caveaux
Qui dans l'Escurial nous servent de tombeaux.

D'ALBE.

Eh! quoi, c'est le tombeau que Philippe souhaite!
Le monde est à vos pieds... Quelle peine secrète?..

LE ROI.

Une pensée affreuse et qui détruit mes jours,
(*Il porte la main à son front.*)
Comme une croix de feu, je la sens là, toujours,

Toujours!...

D'ALBE, à part.

Je la connais.

(Haut.)

Oui, l'on voit avec crainte

Que d'un tourment caché vos traits portent l'empreinte.
On lit sur votre front des maux mal déguisés.
Sire, on vous plaint...

LE ROI.

De quoi... de quoi... vous vous taisez?

D'ALBE.

On parle de Carlos...

LE ROI.

Carlos, oui, c'est lui-même.

D'ALBE.

Il offense le chef du tribunal suprême,
Il accueille d'Egmont, flatte les novateurs,
Car ainsi que les rois le peuple a ses flatteurs.
Déjà des mécontens la faveur l'environne;
Sa naissance après vous le rend maître du trône.

LE ROI.

Vous êtes prévoyant!

D'ALBE.

Avez-vous oublié

A qui jadis son sort devait être lié?

LE ROI.

Je m'en souviens!

D'ALBE,

Carlos peut devenir rebelle :
On regrette long-temps une épouse si belle.
Ils étaient du même âge, ils avaient votre aveu ;
Leurs cœurs innocemment formaient le même vœu :
Elisabeth, qu'ici tant d'éclat environne,
Attendait de l'amour et reçut la couronne.

LE ROI.

Duc, duc, vous êtes mort si jamais vous doutez...

D'ALBE.

Sire, que mes discours sont mal interprétés !
Moi, douter des vertus de notre souveraine !
Une fille de France ! une si digne reine !

LE ROI.

Une reine jamais ne trahit son devoir.

(A part.)

Que ne suis-je un instant celui qui peut tout voir !

———

SCÈNE III.

LE ROI, LE DUC D'ALBE, CARLOS, GUSMAN.

GUSMAN.

Sire, l'infant...

LE ROI.

L'infant?

GUSMAN.

Il demande, il espère
Qu'il lui sera permis de parler à son père.

LE ROI.

L'infant?

GUSMAN.

Il suit mes pas...
CARLOS *s'arrête en entrant au fond du théâtre.*

(A part.)

D'Albe est auprès du Roi.

(Haut.)

Les affaires d'état passeront avant moi;
Entretenez le duc... Votre fils se retire.

LE ROI.

Vous m'avez demandé. Qu'avez-vous à me dire?

CARLOS.

Mon père, je voudrais vous voir seul un moment.

LE ROI.

On peut, devant le duc, s'expliquer librement.
Parlez.

CARLOS.

Vous repoussez le vœu de ma tendresse?

(Au duc d'Albe.)

D'Albe, c'est donc à vous qu'il faut que je m'adresse?
Demandez, obtenez que seul je sois admis.

D'ALBE.

Prince...

CARLOS.

Il est des secrets entre un père et son fils.
Vous avez tout pouvoir que seul je l'entretienne,
Et qu'un instant du moins mon père m'appartienne.

LE ROI.

Le duc est mon ami, je ne lui cache rien.

CARLOS.

Ai-je donc mérité qu'il soit aussi le mien?

D'ALBE.

Prince, un pareil discours voudrait pour récompense...

CARLOS.

Quoi!!!

D'ALBE.

Vous devez régner, ce rang vous en dispense.

CARLOS.

Que du bandeau royal on dépouille mon front,
Avant qu'il me condamne à souffrir un affront,

(Il fait quelques pas pour sortir.)

Duc, l'épée à la main.

D'ALBE *froidement.*

Contre qui?

LE ROI, *à Carlos.*

Téméraire...

Devant le Roi.

(Au duc.)

Sortez.

SCÈNE IV.

LE ROI, CARLOS.

LE ROI, *à Carlos.*

Nous sommes seuls.

CARLOS.

Mon père,

Je n'ai pu réprimer l'emportement soudain...
Grâce pour votre fils, donnez-lui votre main.

(Il se jette aux pieds du Roi et lui baise la main.)

Votre main... Jour heureux ; cette main que je presse,
Fut long-temps refusée, hélas! à ma tendresse!
Oh ! pourquoi si long-temps... l'avais-je mérité?
Pourquoi de votre sein m'aviez-vous écarté?
Daignez fermer du mien la blessure profonde.
Carlos est votre fils... Quand l'Espagne, le monde
Depuis plus de vingt ans me donne un nom si doux,
Mon père! que ce nom soit prononcé par vous.

LE ROI.

A ces jeux mensongers ton cœur est inhabile;
Carlos, épargnons-nous une feinte inutile.
Lève-toi, laisse-moi.

CARLOS.

Pourquoi tant de rigueur?

Mes vœux sont purs...

LE ROI.

Tes vœux sont purs comme ton cœur.

CARLOS.

Ne me repoussez pas, mon père... Grâce, grâce...

LE ROI.

Encore !

CARLOS.

Maintenant ou jamais...

LE ROI.

Quelle audace !

CARLOS, *se relevant tout en pleurs.*

Audace ! quoi, les pleurs qu'un fils...

LE ROI.

Des pleurs ! des pleurs !

(A part.)

Le crime seul produit ces honteuses douleurs.

CARLOS.

Pour échanger entre eux leurs chagrins, leurs alarmes,
Aux malheureux mortels Dieu fit présent des larmes ;
Qu'une seule à vos yeux puisse encore échapper !

LE ROI.

Par tous ces vains discours, penses-tu dissiper
Le doute qui me suit et qui me désespère ?

CARLOS.

Oui, je m'attacherai sur le cœur de mon père,
Je presserai ce cœur pour en faire sortir
La haine dont un jour il doit se repentir.

3*

Celui qui tient votre âme à la sienne asservie,
Ce d'Albe qui d'un fils a privé votre vie,
Dont je viens de subir le regard triomphant,
Que vous offrira-t-il pour prix de votre enfant ?
Ces lâches courtisans, pâles d'obéissance,
Dont le cœur n'est ouvert qu'à l'or, à la puissance,
Qui font peser leurs lois sur un monde opprimé,
Ne peuvent rien pour vous... Carlos vous eût aimé ;
Des tendres soins d'un fils un père s'environne ;
Le grand Philippe est seul, délaissé sur son trône...

LE ROI.

Je suis seul !

CARLOS, à part.

Il se trouble.

LE ROI.

Oui, seul jusqu'au trépas !

CARLOS.

Ne me haïssez plus, vous ne le serez pas.
Assurez-vous d'un cœur qui s'ouvre à vos alarmes,
De ce premier des biens goûtez encor les charmes ;
Oh ! de quels doux transports un père est animé,
Lorsqu'en pressant la main de son fils bien aimé,
Avec lui du jeune âge il remonte la trace,
Renaît pour l'avenir, refleurit dans sa race,
Et voit son front chéri noblement s'honorer
Du laurier filial qui le vient entourer !
D'Albe ne vous dit rien de ce bonheur suprême.

LE ROI.

Tu viens de prononcer ici contre toi-même.

Infant, tout ce bonheur si grand, si désiré,
Carlos un seul instant me l'a-t-il procuré?

CARLOS.

Vous m'aviez interdit jusqu'à votre présence.
Moi, l'infant, l'héritier de la toute-puissance;
Moi, prince de l'Espagne, à l'Espagne étranger!
Deviez-vous à ce point m'avilir, m'outrager?
La gloire m'appelait aux sanglantes alarmes,
Mon père, deviez-vous me refuser des armes?

LE ROI.

Carlos est jeune encore.

CARLOS.

Il vous sera soumis;
Carlos est jeune encor, mais il est votre fils.
Il doit de votre siècle achever la merveille.
La royauté m'appelle et mon âme s'éveille.
Eh quoi! né pour le trône et d'un grand nom chargé,
Sous le soleil encor Carlos n'a rien changé;
Deux mondes où ce bras peut porter la victoire,
Accomplissent leur sort sans y mêler ma gloire,
On m'ignore et je perds dans un repos cruel,
Ces instans fugitifs qui rendent immortel.
Mon père, un grand dessein auprès de vous m'appelle.

LE ROI.

Quel est-il?

CARLOS.

Le Brabant, que vous nommez rebelle,
Brisant de son bourreau le joug ensanglanté,
A vu fuir le duc d'Albe au cri de liberté.

3..

LE ROI.

Liberté !!!

CARLOS.

Son orgueil compromit sa puissance.
Ce peuple, pour rentrer sous votre obéissance,
Me désigne pour chef... Me laissez-vous partir ?

LE ROI, à part.

J'entends...
(Haut.)

A ton projet je ne puis consentir :
D'Albe retournera chez ce peuple indocile.

CARLOS.

D'Albe !

LE ROI.

La mission que tu crois si facile,
Demande un homme ferme et craint de mes soldats.

CARLOS.

Elle demande un homme et d'Albe ne l'est pas.
Il fit tomber sur vous le sang de ses victimes;
C'est avec votre nom qu'il signa tous ses crimes.
Qu'avec ce même nom j'aille les réparer !

LE ROI.

Il faut punir ce peuple et non pas l'implorer.
Tu n'irais qu'avilir les droits du diadème.

CARLOS.

Le pardon n'avilit jamais le rang suprême.
D'Egmont...

LE ROI.

D'Egmont jamais n'a su que m'offenser.

CARLOS.

La reine en sa faveur daigne s'intéresser.

LE ROI.

En sa faveur... D'Egmont est protégé par elle !
Et qui vous l'a dit?

CARLOS.

Lui.

LE ROI.

Vous voyez un rebelle.

(A part.)

Gusman. La Reine et lui le protègent... ah ! Dieu !
(A Gusman.)

Qu'on invite la Reine à se rendre en ce lieu.
(Carlos salue et veut se retirer.)

Restez... Souvent sa bouche a pris votre défense.
La présence d'un fils n'aura rien qui l'offense.

(A part.)

Je porte dans mon âme, où règne la douleur,
Le présage assuré de quelque affreux malheur.

SCÈNE V.

LE ROI, LA REINE, CARLOS, GUSMAN.

GUSMAN.

La Reine.

CARLOS, *à part.*

Dieu!

LA REINE, *à part.*

Carlos!!!

LE ROI, *à Élisabeth, à qui il fait signe d'approcher.*

L'ambassadeur qu'envoie
Un peuple dès long-temps à la révolte en proie,
De votre appui, Madame, en secret s'est flatté.

LA REINE.

A la cour de mon père il me fut présenté;
On vantait ses vertus.

LE ROI, *observant tour à tour Carlos et la Reine.*

Ses vertus... Il demande,
Au nom de la Belgique, un chef qui la commande.
On désigne mon fils, qui consent à partir.

LA REINE.

Ah! sans doute à leurs vœux vous daignez consentir.

CARLOS.

Mon père...

LE ROI, *à la Reine.*

J'ai besoin qu'il reste en ma présence.
D'ailleurs, dois-je l'armer d'une telle puissance?

LA REINE.

Mais un fils.

LE ROI.

On me fait redouter des complots.

LA REINE.

Vous avez des amis sévères pour Carlos.

LE ROI.

Vous croyez... Moi, j'ai peur de surprendre en son âme
Des projets... un espoir qu'il nous cache, Madame.

CARLOS.

Quel espoir ?

LE ROI.

Mais il est facile à concevoir.
On se lasse souvent d'attendre le pouvoir,
          (A Elisabeth.)
D'attendre le bonheur. Il se dit ma victime.

CARLOS.

Prend-on dans cette cour le malheur pour un crime ?

LE ROI.

Quelquefois.

LA REINE.

Fils soumis, sujet fidèle....

LE ROI.

En moi
Il n'aime pas le père, il ne craint pas le Roi.

CARLOS.

Sire !

LA REINE.

Ses ennemis vous entourent sans cesse.

LE ROI.

Ainsi , vous le croyez digne de ma tendresse,
De la vôtre? un soupçon vous serait trop cruel ,
Car vous aimez Carlos d'un amour maternel.

CARLOS.

Sire, Je suis venu réclamer par des larmes
L'honneur de soutenir la gloire de vos armes ;
Me l'accordez-vous?

LE ROI.

    Non , vous perdriez l'Etat.

CARLOS.

Mon père, j'ai besoin de changer de climat.

LE ROI.

Pourquoi?

CARLOS.

    L'air qu'on respire en ce lieu me dévore.

LE ROI.

Quels sont vos maux mon fils?

CARLOS.

     L'Espagne les ignore.

Ils me seront mortels, oui mortels.

LE ROI.

Je le crains.

LA REINE, *à part.*

Ah, Dieu!!!

LE ROI.

Vous connaissez mes ordres souverains.
Le duc marchera seul contre un peuple coupable.

CARLOS.

Cette décision est-elle irrévocable?
Est-elle irrévocable?

LE ROI.

Elle est celle du Roi.

CARLOS.

Maintenant Dieu du ciel tu peux veiller sur moi.

LE ROI.

Un tel transport...

CARLOS.

Adieu, je n'ai plus rien à dire.

LE ROI.

Est-ce l'adieu d'un fils?

CARLOS.

Non.

LE ROI.

Non.

CARLOS.

Je me retire.

======

SCÈNE VI.

LE ROI, LA REINE.

LE ROI.

Eh bien!...

LA REINE.

Ah ! Pardonnez au transport imprudent....

LE ROI.

Il trouve en vous, Madame, un défenseur ardent.
D'autres m'ont dès long-temps appris à le connaître.

LA REINE.

Le chef du tribunal, et les d'Albe peut-être?
Oui, du cœur paternel leur haine le bannit :
Ils osent diviser ce que Dieu réunit.
Ces tyrans délateurs, fléaux de la Castille...

LE ROI.

Laissez-moi mes amis, j'ai perdu ma famille !

LA REINE.

Votre fils...

LE ROI.

J'ai perdu plus qu'un fils ; et mon cœur
N'est d   ＂u cruel qu'à force de malheur.

LA REINE.

Qu'e   igez-vous de moi ?

LE ROI.

Pardonnez ma franchise :
Je suis seul sur un trône où vous êtes assise ,
Et ce trône lui-même importune vos yeux.
C'est un don de Philippe, il vous est odieux ;
Vos pleurs mal essuyés disent votre souffrance ,
Trahissent vos regrets...

LA REINE.

Mes regrets ?

LE ROI.

Pour la France.
Vous nourrissez pour elle un triste souvenir.

LA REINE.

Quand le puissant Philippe à moi daigna s'unir,
J'obéis sans murmure...

LE ROI.

Heureux de ce partage,
Votre époux devait-il prétendre davantage ?

Quels vœux à mon espoir restait-il à former,
Et de quel droit Philippe osait-il vous aimer?
Vous aviez obéi, c'était assez, Madame;
Vous n'étiez pas contrainte à me donner votre âme.
Deux peuples réunis par ces liens forcés,
Envers un père et moi vous dégageaient assez.
Et comment, en effet, avoir l'orgueil de croire
Que l'amour vous serait commandé par la gloire,
Et que d'un front empreint de quelque majesté,
Trois couronnes pourraient cacher la nudité?
Vous ne me deviez rien... J'avais tort de me plaindre.

LA REINE.

Est-il quelque devoir qu'on m'accuse d'enfreindre?

LE ROI.

Aucun.

LA REINE.

Je le vois trop, vos perfides amis
S'attaquent à l'épouse, ayant proscrit le fils;
Sire, ils ont étouffé jusqu'à la voix suprême
Qu'élève en notre cœur la nature elle-même.

LE ROI.

Nul dévoûment ici n'est plus grand que le leur,
Ils veillent sur ma vie...

LA REINE.

Ils en font le malheur.

Vous la leur confiez, ils la rendent affreuse.
Et s'il est dans votre âme, autrefois généreuse,
Une place accessible à la haine, aux soupçons,
C'est là que les cruels versent tous leurs poisons.
Déjouez leurs complots, trompez leurs espérances,
Nos vrais amis sont ceux qui calment nos souffrances,
Et lorsque dans nos cœurs leur regard va chercher
Un soupçon douloureux, c'est pour l'en arracher.
Tous ces vils courtisans dont la voix criminelle
Eloigne de Carlos votre âme paternelle,
Ces d'Albe, ces Pérès, dans leurs affreux projets,
Ne savent qu'isoler un Roi de ses sujets.
Debout, devant un trône environné d'abîmes,
Ils vous cachent les pleurs de cent mille victimes,
Arrachent la Belgique à vos nombreux états,
Et du manteau royal couvrent leurs attentats.
Ah! lorsque abandonnant cette France chérie,
J'adoptais, près de vous, l'Espagne pour patrie,
J'espérais attendrir votre âme à ses malheurs;
Qu'il me serait permis d'essuyer quelques pleurs,
Et que, de vos sujets apaisant les murmures,
Mes mains, pour les guérir, toucheraient leurs blessures.
Vain espoir! votre épouse, en changeant de destin,
N'a trouvé qu'un exil sur un trône lointain.
Je porte en cette cour le nom de l'étrangère,
Ma vue a séparé le fils d'avec le père;
Les haines, les complots, un éternel effroi
Avec moi dans ces lieux...

LE ROI.
Vous vous plaignez de moi?

LA REINE.

Qui, moi?... je crains... je veux... pardonnez mes alarmes.
Je suis coupable, hélas! si vous versez des larmes.
Oui, parmi les devoirs que ma bouche a jurés,
Votre bonheur peut-être est un des plus sacrés;
Peut-être, lorsqu'un roi me choisit pour compagne,
De chacun de ses jours je dois compte à l'Espagne;
Philippe, laissez-moi les rendre plus sereins.

LE ROI.

Ciel!

LA REINE.

Pour mieux triompher de vos sombres chagrins,
Après tant de rigueur essayez la clémence.
Par le bonheur public que le vôtre commence.
Au respect des mortels Philippe accoutumé,
Leur commandant l'amour, serait sûr d'être aimé.
Eh! quels cœurs à vos vœux resteraient indociles?
Qu'avec tant de pouvoir les bienfaits sont faciles!

LE ROI.

Est-ce vous!...

LA REINE.

Prouvez-moi, désormais généreux,
Que je suis pardonnée en faisant des heureux;
Demandez à mes soins un avenir prospère;
Que l'époux indulgent reprenne un cœur de père;
Ne laissez plus Carlos à son triste abandon:
La justice d'un père est encor le pardon,
Et s'il faut, à genoux, qu'ici je le réclame...

LE ROI.

Carlos est innocent; relevez-vous, Madame.
Mon cœur, à vos accens, de haine désarmé...
Carlos est innocent, si Philippe est aimé.
Vous le voyez, mon âme, à la vôtre asservie,
Passe, quand il vous plaît, du néant à la vie.
Elisabeth... Des pleurs mouillent presque mes yeux.
Ah! si vous connaissiez ce mal silencieux,
Et ces soupçons muets d'un cœur en tout extrême,
Comme un volcan fermé se dévorant lui-même;
Ces désirs de vengeance et ces doutes jaloux
Qui passent dans le sang, qui vivent avec nous,
Et, frappant de démence une faible victime,
De tourmens en tourmens la conduisent au crime!
Si vous les connaissiez... Je me juge à mon tour,
Philippe rarement inspira de l'amour;
Mais enfin vous parlez... ma défiance expire...
Si mes sujets voyaient jusqu'où va votre empire...
Mon fils veut le Brabant, dites-lui de ma part
Qu'il peut tout préparer pour son prochain départ.

LA REINE.

Moi!

LE ROI.

    Vous me répondez de lui... Je fus sévère,
Je m'en remets à vous de le rendre à son père.
Je veux me vaincre enfin... oui...

        (Il appelle Gusman, qui entre avec ses gardes.)

          (A la Reine.)

            Gusman... que mon fils

Devant vous, ici même à l'instant soit admis!

    (A Gusman.)

L'envoyé du Brabant implorait ma présence,
Je l'attends, et je veux que pour cette audience,

Tous les grands de ma cour s'assemblent en ce lieu.
(A ÉLISABETH.)
Êtes-vous satisfaite?

LA REINE.

Adieu, Philippe!

LE ROI.

Adieu,

Devenez désormais mon guide, ma compagne,
Donnez-moi vos vertus pour gouverner l'Espagne.

ACTE III.

SCÈNE PREMIÈRE.

CARLOS, UN PAGE DE LA REINE.

CARLOS.

O ciel!... C'est, me dis-tu, la reine qui t'envoie?

LE PAGE.

La Reine.

CARLOS.

Parle bas... Faut-il que je te croie?
Ne me trompes-tu point?

LE PAGE.

Vous tromper, et pourquoi?

CARLOS, *à part.*

Si ce page n'était qu'un messager du Roi!
(Haut.)
Tu viens pour m'éprouver, tu viens pour me surprendre.

LE PAGE.

Ah! prince!!!

CARLOS.

Et dans ce lieu la Reine doit se rendre?
Seule?

LE PAGE.

Je vous l'ai dit.

CARLOS, *l'observant.*

Son langage... un enfant...

Oui, contre mes soupçons sa candeur le défend.

(A part.)

Je tremble de bonheur... seule avec moi... Mes songes
Ne m'en flattèrent pas dans leurs plus doux mensonges.
Cach... bien dans mon cœur cet espoir d'être aimé ;
Com... s un tombeau qu'il y soit renfermé.

(Haut.)

Toi, laisse-moi, va-t-en : crains qu'on ne nous surprenne.

LE PAGE.

Ah ! combien je suis fier que l'infant, que la Reine...

CARLOS.

Malheureux, cet orgueil pourrait tout révéler,
Et ce secret plutôt doit te faire trembler.
Ignore de quel prix pour mon cœur tu peux être ;
Crains de trouver partout les yeux jaloux du maître.
Point d'écrits, de discours, tes regards suffiront ;
Parle avec tes regards, les miens te répondront ;
Retiens ton cœur, ton geste et jusqu'à ton haleine ;
Tu m'entends bien... Adieu, laisse-moi : c'est la Reine !!!

———

SCÈNE II.

LA REINE, CARLOS.

CARLOS, *dans le plus grand trouble.*

C'est vous... il est donc vrai... voilà donc ces instans
Que mon cœur sans espoir souhaita si long-temps.
Je puis donc à vos pieds, sur une main si chère...

LA REINE.

Prince, je viens remplir l'ordre de votre père.

CARLOS, *se relevant.*

(A part.)

Mon père!!! Et j'avais cru dans mon égarement...
(Haut.)
Est-ce pour m'annoncer déjà mon châtiment?
Je suis tout prêt.

LA REINE.

Aurais-je accepté son message
Ma vue est donc pour vous d'un sinistre présage
Moi ! servir d'interprète à la rigueur du Roi !
Carlos, vous avez donc à vous plaindre de moi?
Malheureux, poursuivi par tant d'injustes haines,
Vous accusez mon nom, peut-être, dans vos peines.
Peut-être vos soupçons, Carlos, et j'en gémis,
Rangent Élisabeth parmi vos ennemis.
Élisabeth...

CARLOS.

Parlez : que demande mon père?
Quel sacrifice encor Carlos peut-il lui faire?

LA REINE.

Je vous porte en son nom des paroles de paix.

CARLOS.

Il est trop tard.

LA REINE.

Trop tard!!!

CARLOS.

Oui, Reine; désormais,
Que de nous réunir tout espoir se dissipe.

LA REINE.

Que dites-vous!!!

CARLOS.

Je crains de n'aimer plus Philippe ;
Je crains, au souvenir de vingt ans de rigueur,
Que la nature enfin ne soit morte en mon cœur.

LA REINE.

C'est votre père...

CARLOS.

C'est votre époux.

LA REINE.

O délire!!
Carlos, pour héritage il vous donne un empire.

CARLOS.

Et vous pour mère... Encor sous le fardeau des ans,
S'il n'avait pas du ciel méconnu les présens,
Si son bonheur payait le désespoir d'un autre,
S'il possédait une âme à comprendre la vôtre !
Dieu ! fais qu'il soit enfin digne de tant d'appas.
Donne un cœur à Philippe, et je ne me plains pas.
Mais non, tu n'as montré ce trésor à la terre
Que pour l'anéantir dans les mains de mon père,
A de vils intérêts vendu, sacrifié....

LA REINE.

Qui vous dit que mon sort soit digne de pitié?
A qui, dans l'univers, cherchant à me contraindre
Ai-je donné le droit de me trouver à plaindre?
La gloire de Philippe a rejailli sur moi...

4..

CARLOS.

Ah ! pardon... j'ignorais que vous aimiez le Roi;
Madame, j'oubliais encor, si loin du trône,
Que Philippe à vos vœux offrit une couronne.

LA REINE.

Pourquoi vous exciter à le haïr ainsi?

CARLOS.

Je souffre.

LA REINE.

  Je le crois.

CARLOS.

    Et croyez-vous aussi
Qu'au fond de certains cœurs il soit une souffrance,
Qui ressemble au remords, sans pleurs, sans espérance;
Des regrets dévorans, des tourmens inouïs
Qu'on craint de révéler, dont on meurt?

LA REINE.

      Oui, mon fils,
Combattez... triomphez du sort qui vous opprime.

CARLOS.

Dans ce cœur déchiré l'espoir serait un crime.

LA REINE.

Lorsqu'il reste à remplir un sévère devoir,
Quels maux si grands...

CARLOS.

    Quels maux! vous voulez les savoir?

LA REINE, *avec effroi.*

Moi! non, non...

CARLOS.

Autrefois je fus digne d'envie,
L'être que je cherchais apparut dans ma vie;
Mon cœur tourné vers lui s'ouvrait à l'avenir;
Dans le fond de ce cœur si plein d'un souvenir,
A ses attraits divins rendant un chaste hommage,
Comme un trésor sacré je gardais son image.
Au sein des jeux guerriers, dans les cours, aux combats,
Cet ange protecteur marchait devant mes pas,
Et me montrait de loin avec un doux mystère
Ce ciel qu'un pur amour fait trouver sur la terre.
Il me trompait.

LA REINE.

Hélas!!!

CARLOS.

Eternelles douleurs!
Rien ne pourra tarir la source de mes pleurs;
D'un désespoir mortel j'ai ressenti l'atteinte,
Mon courage est vaincu, ma raison s'est éteinte.
Élisabeth...

LA REINE.

Carlos!

CARLOS, *à part.*

A cet accent si doux
Tout mon cœur...

LA REINE.

L'avenir ne peut-il rien pour vous ?
Un cœur semblable au vôtre, une épouse fidèle,
D'un amour vertueux digne et constant modèle,
Ne peut-elle, Carlos, en vous donnant sa foi...

CARLOS.

Une femme... un hymen... c'est vous...

LA REINE.

Pardonnez-moi...
Pour vous savoir heureux je donnerais ma vie.

CARLOS.

Il n'est plus désormais qu'un bonheur que j'envie;
Mais bientôt les combats serviront mon transport.
J'ai besoin des combats, on y trouve la mort.

LA REINE.

La mort... vous chercheriez un trépas volontaire !
Et ceux qui resteraient après vous sur la terre,
Vous ne songez donc pas, Carlos, à leurs douleurs,
A la mienne?

CARLOS.

Vos yeux me donneront des pleurs.
Oui, vous vous souviendrez que vous fûtes ma mère,
Auprès de mon tombeau... Demain je suis mon père;
Demain, libre à la fin d'un joug affreux...

LA REINE.

Infant !

CARLOS.

L'Infant n'est plus mon nom; je suis duc de Brabant.

LA REINE.

Qu'entends-je! De Carlos la coupable imprudence
Aurait pu...

CARLOS.

            J'ai signé l'acte d'indépendance.
J'attends les conjurés pour partir avec eux,
Tout un peuple m'appelle en ses rangs belliqueux.
Enchaîné trop long-temps sur ce fatal rivage,
Nul ne plaint plus que moi les maux de l'esclavage,
Nul ne sait plus que moi combien pèse la main
D'un maître impérieux, d'un despote inhumain,
De mon père.

LA REINE.

Carlos!!!...

CARLOS.

            Il prit le diadème
Pour faire le malheur du monde et de lui-même;
Que dis-je? même avant de gouverner l'état
Ce père sans pitié fut un enfant ingrat.
Si Charles-Quint chercha l'ombre d'un monastère,
Ce ne fut pas pour fuir les grandeurs de la terre,
Ce fut pour fuir Philippe.... Hélas! j'ai visité
Ce cloître, où se voilant devant l'éternité,
Un siècle de pouvoir, de splendeur, de victoire,
Semblait en un seul homme enfermer son histoire.
De la pierre funèbre où, plus grand que son sort,

Descendu de son trône il essayait la mort,
Mon aïeul sur son sein me pressa plein d'alarmes;
Mon avenir me fut révélé par ses larmes.
J'avais un père, alors! O funeste destin!
Philippe vit encore, et je suis orphelin!

LA REINE.

Carlos!

CARLOS.

Épargnez-vous une vaine prière.
Vous ne m'avez pas vu le front dans la poussière
Comme on s'abaisserait devant un Dieu jaloux,
Me traîner à ses pieds, embrasser ses genoux;
Invoquer, attester, dans ma douleur amère,
Le nom sacré de fils, et la mort de ma mère.
Le cruel! ses soupçons interprétaient mes pleurs,
Sa haine s'augmentait de toutes mes douleurs.
Les refus orgueilleux de ce grand politique
Tombaient sur moi du haut d'un trône despotique.
Il le veut! Je pars.

LA REINE.

Non, ce projet abhorré,
Dans le cœur de Carlos il n'est jamais entré.
Non, vous ne voulez pas, si près du rang suprême,
Déshonorer ainsi votre infortune même,
Prince, et justifiant les maux tombés sur vous,
Vous souiller d'un forfait qui les surpasse tous.
Trahir Philippe, vous!!! vous en seriez capable?
Vous croyez-vous le droit de le trouver coupable?
Nouveau duc de Brabant, savez-vous qu'aujourd'hui,

Ce grand titre usurpé vous l'obtenez de lui ?
Moi même....

CARLOS.

Il n'est plus temps, qu'il commande, qu'il règne,
Carlos peut à son tour prétendre qu'on le craigne ;
Sous un tyran jaloux fatigué de fléchir,
De son caprice altier Carlos peut s'affranchir,
Il peut briser ses fers.

LA REINE.

Prince, il peut davantage ;
Il peut, hâtant le jour qui donne un héritage,
Saisir dans ce palais, d'un bras ensanglanté,
La couronne promise à son front révolté ;
Après quelque autre bien si son âme soupire
Il peut, pour l'obtenir, renverser un empire.
Le sombre Escurial peut le voir sans remords
Inscrire un nom de plus sur le marbre des morts,
Dressant sur une tombe un autel adultère....

CARLOS.

Ciel !

LA REINE.

Il peut y traîner la veuve de son père.

CARLOS.

Fils maudit....

LA REINE.

Est-ce là ce que vous désirez ?

CARLOS.

D'une secrète horreur tous mes sens pénétrés....

LA REINE.

Ah! que dans votre sein la vertu se ranime,
Vous ne connaissez pas encor tout votre crime;
Avec terreur un jour si votre cœur l'apprend....
Si je pourais parler sans le rendre plus grand....
Repentez-vous, Carlos, le devoir le commande.
C'est pour vous, c'est pour moi que je vous le demande;
Pour cette Élisabeth qui vient vous supplier,
Qui fut un jour la vôtre, et qui doit l'oublier.
Ouvrez à ma prière une âme généreuse.
Vous ne vous trompiez pas, je ne suis pas heureuse.
Eh! qui peut à son gré se choisir son destin?
Si quelquefois la vie est belle à son matin,
Sur ces jours enchantés, qu'il change en des jours sombres,
L'orage, avant le soir, vient répandre ses ombres.
N'accueillez point mes vœux avec inimitié;
Vous ne vous trompiez pas: j'ai besoin de pitié.

CARLOS.

Élisabeth!..

LA REINE.

          Allons, c'est en vous que j'espère;
Venez dans mon époux embrasser votre père.
L'épreuve des douleurs, cher Carlos, croyez-moi,
N'est jamais inutile à qui doit être roi,
Et c'est toujours ainsi, les touchant de ses flammes,
Que Dieu pour ses desseins mûrit les grandes âmes.
Allez, Prince, à l'honneur toujours fier d'obéir,
Triompher pour Philippe, et non pas le trahir.
Il veut briser des fers; que son fils le seconde,

Qu'il commence par vous la liberté du monde.
Rapportez à ses pieds, il en est encor temps,
Quelques lauriers baignés de vos pleurs repentans ;
Songez qu'Élisabeth répond de la victoire,
Et contre le malheur, protégé par la gloire,
Méritez, relevant vos esprits abattus,
L'excès de la grandeur par l'excès des vertus.

CARLOS.

Ange du ciel, je cède à la voix qui m'appelle.
Que sous vos traits divins la vertu paraît belle !
Vous avez triomphé de ce cœur éperdu,
Même en lui révélant tout ce qu'il a perdu.
Il me semble, éprouvant votre ascendant sublime,
Que Carlos à vos pieds pourrait tomber sans crime.

LA REINE.

Carlos écoute enfin la voix du repentir ;
Mais l'acte accusateur...

CARLOS.

Je cours l'anéantir.

LA REINE.

Nul courtisan n'est-il dans votre confidence ?

CARLOS.

Un ami dévoué, Gomès...

LA REINE.

Quelle imprudence !

CARLOS.

Je réponds de sa foi.

LA REINE.

S'il allait révéler...
Ici le nom d'ami me fait toujours trembler.

CARLOS.

De ces vaines terreurs repoussons la chimère ;
J'ai repris ma vertu, ma force... adieu, ma mère.

(Il sort.)

SCÈNE III.

LA REINE, *seule.*

Non, l'amour n'aurait point les pleurs délicieux
Que ce moment sacré fait tomber de mes yeux.
Pour moi, d'un rayon pur l'avenir se colore.
Alvarès le disait : oui, j'ignorais encore
Quel pouvoir nous avions sur notre propre cœur,
Et combien la vertu ressemblait au bonheur.
Mon époux vient ; le ciel soutiendra mon courage ;
Que sa félicité soit mon heureux ouvrage.

SCÈNE IV.

LA REINE, LE ROI.

LA REINE.

J'ai vu Carlos, Philippe, et nos vœux sont remplis.

Que vos bras paternels s'ouvrent pour votre fils.
Respectueux, soumis... Mais quel regard sévère...

LE ROI.

Ce fils soumis vous trompe, il a trahi son père.

LA REINE.

Lui!!!

LE ROI.

Lui! j'en ai la preuve, et l'on n'abuse pas
Les surveillans secrets que j'attache à ses pas.
Avec des révoltés, Carlos d'intelligence,
A sur lui de nos lois appelé la vengeance;
Déjà l'écrit coupable est signé de son nom.

LA REINE.

Vous croiriez?

LE ROI.

Pour tramer leur noire trahison,
Hier les révoltés ont cherché la retraite
Où vit d'Aldovéra l'austère anachorète.
On l'accuse lui-même, oui, l'on dit qu'Alvarès
De ces conspirateurs sert les vils intérêts,
Et même l'on a vu dans l'obscure vallée
Passer secrètement une femme voilée.

LA REINE.

O ciel!

LE ROI.

Rassurez-vous, Alvarès va venir.
Nous apprendrons bientôt qui nous devons punir.
Tout sera découvert, et devant vous, Madame;

Oui, vous avez repris tout pouvoir sur mon âme;
On a porté la mort dans mon sein paternel.
Je serais trop à plaindre en ce moment cruel,
Si, trahi par mon fils, ma tendresse jalouse
Devait douter encor du cœur de mon épouse.
Je veux que mes secrets vous soient tous révélés.

LA REINE.

De tels secrets... souffrez... je craindrais...

LE ROI.

Vous tremblez?

LA REINE.

Pourquoi m'admettre, Sire, à cette confidence?

LE ROI.

Et pourquoi d'Alvarès vouloir fuir la présence?

(A part.)

Quelques crimes nouveaux me seraient-ils cachés?
Et mes premiers soupçons...

SCÈNE V.

LA REINE, LE ROI, ALVARÈS, GUSMAN.

GUSMAN.

Alvarès.

LE ROI.
(Il fait signe à Gusman de sortir.)

Approchez.

(A part.)

Aurait-elle à ce point déshonoré sa gloire?

(Haut à Alvarès.)

Vous êtes accusé....

ALVARÈS.

Sire, j'avais dû croire,
Exempt d'inquiétude ainsi que de remords,
Que les soupçons des rois laissaient en paix les morts.
Le monde n'est plus rien pour l'humble cénobite.
Votre empire finit au tombeau que j'habite.

LE ROI.

Je pensais comme vous, mais on dit qu'aujourd'hui
A d'indignes complots vous prêtez un appui.
On dit que ces dehors, cette cellule austère,
Cachent un cœur épris des grandeurs de la terre,
Qu'à des conspirateurs allié désormais....

ALVARÈS.

Sire, l'humilité ne conspire jamais.
Qu'un roi serait à plaindre, en sa grandeur suprême,
S'il devait soupçonner la prière elle-même;
Si des poignards sacrés se montraient, à ses yeux,
Dans les mains qui pour lui se lèvent vers les cieux!

LE ROI.

Ainsi donc vos rochers, retraite si tranquille,
Aux révoltés hier n'ont point servi d'asile?

ALVARÈS.

Au coucher du soleil, un jeune homme est venu :

Il était seul ; son nom, son rang m'est inconnu ;
Si j'en crois de ses traits la tristesse profonde ,
Il se mêle à regret aux intérêts du monde,
Il place son espoir dans le céleste appui,
Et m'a dit en partant de prier Dieu pour lui.

LE ROI.

Il en aura besoin...

ALVARÈS.

J'ai tout dit.

LE ROI.

Ce jeune homme
Conspire contre moi : c'est Carlos qu'on le nomme.

LA REINE, *avec hésitation.*

Si pleurant son erreur, rentré dans son devoir...

LE ROI.

Vos discours sur son âme ont donc bien du pouvoir?

ALVARÈS.

Carlos trahir ! Carlos s'armer contre son père !

LE ROI.

Il veut me détrôner pour épouser sa mère.
Vous ne le saviez pas en arrivant ici?

ALVARÈS.

Sire....

LE ROI.

Vous cherchez à me cacher aussi
Quelle femme en secret loin du monde attirée,
Aux monts d'Aldovéra devant vous s'est montrée.

ALVARÈS.

Loin des murs de Madrid quand des femmes en pleurs
Viennent dans notre sein répandre leurs douleurs,
Un devoir rigoureux nous ordonne de taire
Des chagrins confiés sous le sceau du mystère.

LE ROI.

Son nom?

ALVARÈS.

Epargnez-vous des efforts superflus.

LE ROI.

Et ses aveux... parlez...

ALVARÈS.

Je ne m'en souviens plus.

LE ROI.

Il s'agit d'un complot. Quand l'État le réclame,
On doit tout révéler. Qu'en dites-vous, Madame?

LA REINE.

Moi, Sire...

LE ROI.

A votre tour daignez l'interroger.

LA REINE.

Peut-être à ce secret l'État est étranger;
Peut-être, trop avant, le soupçon vous entraîne.

ALVARÈS.

Oui, Reine, ces aveux...

5

LE ROI.

Vous connaissez la Reine?

ALVARÈS.

J'aurais pu la nommer sans connaître ses traits,
En la voyant admise à de si grands secrets.

LE ROI, *à part.*

C'est elle.

(A la Reine.)

Maintenant je conçois votre crainte.
D'un plus long entretien évitez la contrainte,
Madame... J'ignorais... Laissez-nous.

LA REINE.

J'obéis.

(Elle sort.)

———

SCÈNE VI.

LE ROI, ALVARÈS.

LE ROI, *à part.*

Son trouble en dit assez, ses sermens sont trahis...
Oh! Dieux!..

(Haut, avec la plus grande impétuosité.)

Nous sommes seuls.. je veux.. il faut m'apprendre...
Allons... vous hésitez...

ALVARÈS.

Je ne puis vous comprendre.

LE ROI, *à part.*

Je ne survivrai pas à ces affreux complots.

ALVARÈS.

De vous avoir trahi vous accusez Carlos,
Un fils se porte-t-il à cet excès de haine?

LE ROI.

Vous parlez de Carlos, je parle de la reine.
Leurs crimes mutuels me sont trop déclarés.
Dans vos rochers tous deux ils se sont rencontrés;
Méditant la révolte au sein de l'adultère,
Tous deux...

ALVARÈS.

D'Élisabeth le noble caractère
Dément trop les soupçons que vous formez ici.
L'Europe est un témoin qu'il faut entendre aussi.
Votre épouse, fidèle au beau sang qui l'anime,
Dans la cour de Henri n'a point appris le crime.
Elle, des attentats, d'indignes complots... Non.
Le pauvre à la prière aime à mêler son nom.
D'un éclat doux et pur sa vertu l'environne;
On dirait qu'elle n'a voulu monter au trône
Que pour voir de plus loin les maux à secourir,
Les bienfaits à répandre et les pleurs à tarir.
D'un peuple tout entier la voix reconnaissante...

5..

LE ROI.

S'il est vrai qu'en effet elle soit innocente,
Qui vous retient... pourquoi ce silence imprudent?
Son secret...

ALVARÈS.

Qui vous dit que j'en sois confident?

LE ROI.

Je ne suis point ingrat, et ma reconnaissance,
Mes trésors, les faveurs de ma toute-puissance...
Un homme tel que vous appartient à l'État...
Parlez, dévoilez-moi cet horrible attentat,
Les honneurs, m'acquittant d'un aveu volontaire...

ALVARÈS.

Sire!!!

LE ROI.

Eh bien... !

ALVARÈS.

Mes honneurs ne sont pas sur la terre.
Par des efforts si vains quand vous tentez ma foi,
Les monts d'Aldovéra vous répondent pour moi.
Sire, que devant eux votre espoir se dissipe,
Réservez pour Pérès les trésors de Philippe;
Ou plutôt repoussez ses conseils ennemis;
J'entrevois des malheurs, Sire, dont je frémis;
D'Albe, traînant partout l'effroi qui l'environne,
Entre deux échafauds veut placer votre trône.
Fuyez l'affreux sentier où s'engagent vos pas :
Hélas! l'erreur d'un roi peut donner le trépas!

Et les bourreaux tout prêts, quand sa haine commence,
Changent en désespoir sa tardive clémence.
Craignez votre courroux, craignez votre pouvoir,
Et n'attendez jamais de moi que mon devoir.

LE ROI.

Connais-tu bien Philippe?

ALVARÈS.
Oui.

LE ROI.
Ma vaste puissance
Range deux Océans sous mon obéissance.
Ce soleil qui nous luit, en changeant de climats,
Ne se couche jamais dans mes nombreux états.
Je puis de tes refus châtier l'insolence...

ALVARÈS.
Sire, je ne puis rien que garder le silence.

LE ROI.
Crains qu'il soit éternel... pour te vaincre, employés,
Les chaines, les cachots, la torture...

ALVARÈS.
Essayez.

LE ROI.
Quoi!!! l'épreuve du fer! les tourmens de la flamme!

ALVARÈS.
Il me reste contre eux la liberté de l'âme,
De cette âme que Dieu de force environna,
Et que je lui rendrai comme il me la donna.
Un roi peut triompher sur la terre et les ondes,
Il peut sous un seul sceptre assujettir deux mondes;
Mais d'un faible chrétien qui se souvient des cieux,
Le regard quelquefois lui fait baisser les yeux.

LE ROI.

Devant une puissance auguste et légitime,
Un chrétien obéit.

ALVARÈS.

N'ordonnez pas un crime.

LE ROI.

Je suis roi, j'en deviens responsable.

ALVARÈS.

Ici bas;
Mais devant l'Éternel un roi ne suffit pas.

LE ROI.

C'est la première fois qu'au sein de mon empire,
Un sujet orgueilleux...

ALVARÈS.

Je plains l'Espagne, Sire.

LE ROI.

Bientôt par les douleurs ton courage abattu...

ALVARÈS.

Comment sans les douleurs juger de la vertu?

LE ROI.

Tu braves une mort lente, horrible et sans gloire.

ALVARÈS.

Toujours dans ce combat la mort est la victoire.
Je ne parlerai pas.

LE ROI.

Qu'on saisisse Alvarès.

(GUSMAN paraît avec des gardes.)

Gusman, que la torture arrache ses secrets.
Il est temps d'éprouver cet orgueil indocile.
Allez.

ALVARÈS, *revenant vers le Roi.*

Consultez-vous, c'est un crime inutile.
Dans l'Europe chrétienne on peut s'en indigner,

On peut vous croire enfin moins habile à régner.
Quand je vous parle ainsi, ce n'est pas pour moi, Sire;
J'ai toujours souhaité l'épreuve du martyre:
L'échafaud qui m'attend me devient précieux,
Et c'est un dernier pas que je fais vers les cieux;
Mais la Reine... Songez...

LE ROI.

Que le fer le déchire,
Et que de ses aveux on revienne m'instruire.

ACTE IV.

SCÈNE PREMIÈRE.

LA REINE, seule.

De quel regard, pendant ce terrible entretien,
Philippe, mon époux, observait mon maintien!
Quel époux! quels amis! quelle cour inhumaine!
Dans ma prison pompeuse on me traite de Reine.
Si je pouvais du moins de tant de noirs complots,
De ses malheurs, des miens, instruire ici Carlos.
Carlos... qui, se flattant d'un destin plus prospère,
Croit avoir reconquis tout l'amour de son père.
O terreurs!!! Que devient Alvarès, à présent!
Dieu! s'il allait trouver mon secret trop pesant!
Cher Carlos! de ta mort je serai donc complice!
Un seul mot d'Alvarès te condamne au supplice!

Un seul mot peut armer Philippe triomphant,
Du prétexte odieux d'immoler son enfant;
S'il apprend pour un fils ma criminelle flamme,
S'il apprend que mon âme est unie à ton âme,
Qu'enivrant tous mes sens de son charme vainqueur,
Ton image trois ans reposa sur mon cœur.
C'est Philippe!!!

SCÈNE II.

LA REINE, LE ROI, précédé d'une partie de la cour
et de quelques dames de la Reine. La marquise de
MONDÉJAR.

LE ROI, *s'adressant aux dames.*

Quelle est des dames de la Reine
Celle que son service en ce palais enchaîne ?

LA MARQUISE DE MONDÉJAR.

Moi, Sire.

LE ROI.

En négligeant hier votre devoir,
Vous avez offensé le suprême pouvoir.

LA MARQUISE DE MONDÉJAR.

Daignez me pardonner quelques heures d'absence,
Sire, un père souffrant réclamait ma présence.

LE ROI.

De cette absence, au moins, l'on devait m'avertir;
Je vous donne trois ans pour vous en repentir
Loin des murs de Madrid.... Allez, qu'on se retire.

LA REINE.

Mondéjar, un instant.

(Au Roi)

J'avais dû croire, Sire,
Que le bandeau royal m'épargnerait du moins
La honte de rougir devant tous ces témoins.

Votre ordre est bien cruel.

(A la Marquise.)

Mon époux vous renvoie ;

Mais celle qui long-temps me servit avec joie
Ne doit pas s'éloigner les yeux remplis de pleurs
Sans que j'essaie au moins d'adoucir ses douleurs.
L'Espagne vous devient une terre ennemie,
Retirez-vous en France ; allez, ma tendre amie ;
Conservez cet anneau que je vous donne ici.

(En pleurant.)

Hélas ! dans notre France, il n'en est pas ainsi.

(La Reine embrasse la Marquise, qui se retire avec la cour.)

LE ROI.

Vous blâmez son exil, Madame ; mais peut-être
Un monarque offensé, votre époux, votre maître,
Devrait vous accuser de sa sévérité.
Pourquoi de votre rang, quittant la majesté,
Hier, trompant les yeux de celle que j'exile,
Avoir de ce palais abandonné l'asile ?

(La Reine se retourne avec hésitation.)

Tous vos déguisemens seraient trop superflus,
Daignez y renoncer... car je n'en doute plus ;
C'est vous, qui vous couvrant d'un coupable mystère...

LA REINE.

Des monts d'Aldovéra le pieux solitaire
A des soins consolans pour toutes les douleurs.
Croyez-vous donc le trône à l'abri des malheurs ?
Croyez-vous donc qu'exempte et de trouble et d'alarmes,
Je n'eus jamais besoin qu'on essuyât mes larmes ?...
N'ai-je pu confier mes chagrins à sa foi,
Sire, sans alarmer la vôtre contre moi ?

Faut-il donc qu'en tout lieu le soupçon m'accompagne?
Suis-je une esclave enfin sur le trône d'Espagne?
Alvarès...

LE ROI.

Vous osez me parler d'Alvarès,
Madame; en peu d'instans je saurai ses secrets;
Il m'a contraint lui-même à cette violence.

LA REINE, à part.

Dieu!!!

LE ROI.

L'orgueil s'obstinait à garder le silence,
La douleur parlera.

LA REINE.

Quoi! Sire!...

(A part.)
Je me meurs...

LE ROI.

Le salut de l'État commande des rigueurs;
Un austère devoir à cette loi m'enchaîne;
Mon ordre s'accomplit dans la salle prochaine.
J'attends.... Quelle terreur vient soudain vous troubler,
Vous redoutez donc bien ce qu'il va révéler?

LA REINE, tombant aux pieds de Philippe.

Grâce!!!

LE ROI.

Nous jugerons ce courage inflexible.

LA REINE.

Par pitié, qu'on l'arrache à ce supplice horrible,
N'augmentez pas l'effroi de ces cruels momens.
Je souffre des douleurs qui passent ses tourmens.
Mutilé par le fer, dévoré par la flamme,
C'est moi... C'est moi!!!

LE ROI.

Son sort dépend de vous, Madame.

LA REINE.

Que faut-il?... Commandez à ce cœur éperdu.

LE ROI.

M'avouer le secret dans son sein répandu.

LA REINE.

A l'horreur des tourmens qu'on me livre à sa place.

LE ROI.

Ce n'est qu'à vos aveux que je puis faire grâce.

LA REINE.

(A part.)

Eh! bien...je veux... je dois... Ah! jamais... dans mon cœur
Je prévois un forfait plus grand que ma terreur.
(Haut.)
Philippe....

LE ROI.

Désormais vous êtes ma complice,
Songez que vos refus prolongent son supplice.
Faudra-t-il que pour vous tout son sang soit versé,
Attendrez-vous qu'enfin ses tourmens aient cessé.
Parlez.

LA REINE.

Grâce!

LE ROI.

L'effroi qui règne dans votre âme
Est-il pour Alvarès ou pour Carlos, Madame?

LA REINE.

Dieu tout-puissant!

LE ROI.

Parlez... Ah! Gusman vient à nous.
Alvarès a tout dit. C'en est fait... Levez-vous.

SCÈNE III.

LA REINE, GUSMAN; LE ROI.

GUSMAN.

Sire....

LE ROI.

As-tu pénétré cet odieux mystère ?

GUSMAN, *montrant la Reine.*

Dois-je...

LE ROI.

Eh bien !!!

GUSMAN.

Alvarès, étendu sur la terre,
Voyait autour de lui les effrayans apprêts
Des douleurs qui devaient arracher ses secrets.
Calme, prêt à lutter contre tant de souffrance,
Il élevait au ciel des yeux pleins d'espérance,
Ou regardait le Christ suspendu dans ce lieu,
Comme pour appuyer sa force sur son Dieu.

LE ROI.

Achève.

GUSMAN.

Ce chrétien, recueilli dans son âme,
Affrontant les tourmens du fer et de la flamme,
Semblait ne leur livrer, fier du céleste appui,
Qu'un corps dont les douleurs n'arrivaient plus à lui.
Plus il s'abandonnait au fer qui le déchire,

Plus son front s'éclairait des rayons du martyre ;
Les bourreaux s'étonnaient, et suspendant leurs coups...

LE ROI.

Il n'a donc rien dit, rien ?

GUSMAN.

    Il a prié pour vous.
Rassemblés en pleurant sur sa trace sanglante,
Guidant vers la prison sa marche chancelante,
Vos gardes...

LA REINE.

Dieu ! c'est lui.

———

SCÈNE IV.

LA REINE, GUSMAN, ALVARÈS, LE ROI.

ALVARÈS.

(Il est soutenu par des soldats, et il s'arrête
un moment au fond du théâtre.)

    Roi, Dieu seul est puissant.
Pourquoi baisser les yeux, je vous cache mon sang.
Que ce soit le dernier !

LA REINE, *tombant évanouie.*

La force m'abandonne !

ALVARÈS.

Madame, je vous plains... Sire, je vous pardonne.

(Les soldats l'entraînent.)

GUSMAN, *montrant la Reine.*

Sire...

LE ROI.

Qu'on la ramène en son appartement.
Le secret...

SCÈNE V.

LE ROI, *seul.*

Quel spectacle et quel affreux moment !
Alvarès... Je me perds au fond de cet abîme.
Que j'étais peu de chose auprès de ma victime !
Dieu ! de quelle hauteur son œil tombait sur moi,
Quelle infâme rougeur couvrait le front d'un Roi.
Ainsi, comme autrefois sur les rives du Tibre,
Au sein de mon empire il est un homme libre.
Lâches adulateurs, en regardant son sang,
Osez me dire encor que Philippe est puissant !
Comme tous leurs regards se baissaient vers la terre !
Mes sujets m'ont jugé... Tremble, fils adultère,
C'est ta rébellion... c'est ton coupable amour...
Tremble, le monde encor est à moi pour un jour :

Au chef du tribunal on livre qui conspire,
Ton sang... Que me veut-on?

———————

SCÈNE VI.

GUSMAN, LE ROI.

GUSMAN.

Tous les grands de l'empire
Vers Votre Majesté...

LE ROI, *comme égaré par le désespoir.*

Dans ce moment! pourquoi?...

GUSMAN.

Convoqués ce matin par les ordres du Roi...

LE ROI.

Non... je ne puis... regarde... Ah! dès demain peut-être,
C'est dans l'Escurial qu'ils chercheront leur maître :
La mort est dans mon sein... Mais je dois me venger.

GUSMAN.

L'Infant est avec eux. Ce superbe étranger,
Ce d'Egmont, en secret l'ennemi de l'Espagne,
Attend son audience, et vers vous l'accompagne.

LE ROI, *d'un ton calme.*

On ne sait rien... d'un Roi remplissons le devoir.
Qu'ils entrent! dans l'instant je viens les recevoir.

(Il sort.)

SCÈNE VII.

(Tous les courtisans entrent des deux côtés du théâtre; le fond s'ouvre, et laisse apercevoir le trône de Philippe entouré de ses pages. Toute la scène se remplit par degrés.)

D'ALBE, OSMOND, L'AMIRAL, CARLOS, D'EGMONT.

D'ALBE, *à Osmond pendant que tous les courtisans s'éloignent de lui et entourent Carlos.*

De tous les courtisans vois-tu comme la foule
Devant mes pas, Osmond, se retire et s'écoule?
N'en doutons plus, je suis disgrâcié... L'Infant
S'applaudit de ma chute et se croit triomphant;
Mais quand de sa victoire à mes yeux il se pare,
Une sédition par mes soins se prépare,
Et son nom compromis... D'Albe sait se venger.

L'AMIRAL, *à Carlos d'un ton suppliant.*

Près de Sa Majesté daignez me protéger.

CARLOS.

Rassurez-vous!

L'AMIRAL.

Croyez que ma reconnaissance....

CARLOS.

Comptez sur sa justice et sur votre innocence.

D'EGMONT, *bas à Carlos.*

L'acte des révoltés?

CARLOS, *bas à d'Egmont.*

L'acte n'existe plus ;
Je viens d'anéantir ces écrits superflus.

D'EGMONT.

Gomès ?..

CARLOS.

Des vrais amis Gomès est le modèle.
Il m'en coûterait trop de le croire infidèle.

GUSMAN.

Le Roi !

(*Tous les courtisans se découvrent.*)

SCÈNE VIII.

LES PRÉCÉDENS, LE ROI.

LE ROI.

(*On lui présente des suppliques.*)

C'est bien, Messieurs... Amiral ! vous ici ?

L'AMIRAL, *aux pieds du Roi.*

Sire...

LE ROI.

Qu'est-ce ? pourquoi vous troublez-vous ainsi ?

L'AMIRAL.

Votre flotte...

LE ROI.

N'est plus ; des malheurs, des naufrages...
Vous n'étiez pas chargé de vaincre les orages.
L'Océan a tout fait... L'amiral est connu

Pour un brave marin : qu'il soit le bien venu.
Entendez-vous, Messieurs, je le veux; il doit l'être.

GUSMAN.

L'ordre de Calatrave a perdu son grand-maître;
On rapporte sa croix, Sire.

LE ROI.

Noble ornement !
Amiral, la voilà... portez-la dignement.

L'AMIRAL, *à genoux.*

Quoi! Sire, c'est sur moi que votre main dispense...

LE ROI.

C'est la fidélité qu'en vous je récompense ;
D'autres ont aujourd'hui mérité mon courroux.

D'ALBE.

Sire, mes ennemis...

LE ROI.

Qui vous dit que c'est vous?

(Il monte sur le trône après avoir parcouru la salle d'audience.)

(Du haut du trône.)

D'Egmont !

D'EGMONT.

Sire, l'Infant daignera nous défendre.
Permettez que sa voix...

LE ROI.

Je suis prêt à l'entendre.

CARLOS.

Révolté contre d'Albe et soumis à vos lois,
Sire, un peuple jadis conquis par nos exploits,

Un peuple qu'opprimait votre envoyé sinistre,
Ose se plaindre au Roi des fureurs du ministre;
Tout s'indigne, tout fuit un joug si rigoureux.
L'Angleterre a reçu dans son sein généreux
Ces hommes dont la secte, injustement flétrie,
Pour garder ses autels a changé de patrie;
Et la Zélande en pleurs, sur ses bords dévastés,
Rappelle l'Océan qui les avait quittés.
Que d'un bon Roi pour eux le règne recommence!
Daignez me confier les droits de la clémence;
Quand sous un joug honteux le peuple est abattu,
Un prince doit trembler devant chaque vertu.
Sire, n'en croyez plus l'indigne flatterie;
La publique raison par les siècles mûrie
Reprend sa dignité. Partout dans l'univers
A son jour éclatant les yeux se sont ouverts.
Quand tout marche et grandit, resté seul en arrière,
Quel prince arrêterait dans sa vaste carrière
L'irrésistible essor d'un monde révolté
Qu'un souffle impétueux pousse à la liberté?
L'Europe pressentait son aurore prochaine;
Des préjugés vieillis rompez la longue chaîne,
Rendez à la pensée et son culte et ses droits,
Dans ce brillant chemin devancez tous les rois.
Gardant de votre nom l'empreinte ineffaçable,
Que ce siècle accomplisse une œuvre impérissable!
Marchez à sa lumière, et de vos nobles mains,
Sire, laissez tomber le bonheur des humains.

LE ROI.

Qu'ai-je entendu? quels sont ces discours sacriléges?

6..

Moi, reconnaître ici d'orgueilleux priviléges?

CARLOS ET D'EGMONT.

Ciel!!!

(Tous les courtisans s'éloignent du prince.)

LE ROI.

Irai-je, accueillant un désir insensé,
Calomnier d'un mot tout mon règne passé?
Mauvaise politique et rêves de jeune homme.
Les rois ont derrière eux, si grands qu'on les renomme,
Des abîmes cachés qu'ils n'aperçoivent pas :
Ils y tombent toujours s'ils reculent d'un pas.
Que lasse après dix ans d'un sommeil léthargique,
Au fond de ses marais l'impuissante Belgique
S'arme, et de la révolte essayant le chemin,
Vienne demander grâce un glaive dans la main;
Qu'on laisse s'accomplir en France, en Angleterre,
De deux religions le mélange adultère,
Seul, je résiste; et Rome, appuyant mes projets,
Pèse de tout son poids sur d'insolens sujets.
Après la liberté la Belgique soupire!
Quel fantôme inconnu se lève en mon empire?
Mon peuple a des pouvoirs indépendans du Roi!
Mon peuple n'a qu'un maître, et tout l'État c'est moi.
Ma puissance, debout sur ses bases profondes,
Devient le centre unique où gravitent deux mondes,
Et mon bras étendu ramasse incessamment
Les sceptres que les rois tiennent trop faiblement.
Ces mots ambitieux de raison, de pensée,
De siècle qui grandit... Révolte intéressée!
Orgueil que nous devons punir avec le fer;

C'est l'orgueil révolté qui nous valut l'enfer.
Du nom d'ambassadeur le Belge vous appelle,
D'Egmont, mais à mes yeux vous n'êtes qu'un rebelle.

D'EGMONT.

Quoi ! lorsque devant vous je viens d'un front soumis...
Sont-ce là les bienfaits que vous aviez promis ?
Tantôt à nous venger votre justice prête...

LE ROI, *à d'Egmont.*

Avais-je aussi promis de vous livrer ma tête ?
       (Il se lève.)
Ecoutez, Castillans, que tout soit éclairci.
Ce n'est pas comme Roi que je parais ici;
Je viens vous dénoncer un crime épouvantable ;
Je suis accusateur.

D'ALBE.

Roi, nommez le coupable.

LE ROI.

En vain contre les lois son titre le défend.
Je vous vois tous frémir.

TOUS LES COURTISANS.

Ciel ! !

D'ALBE.

Quel est-il ?

LE ROI.

L'Infant.

Oui, l'Infant.

TOUS LES COURTISANS.

O forfait !

CARLOS.

Sire...

LE ROI.

Fils parricide,

Gomès m'a dévoilé ton complot régicide ;
L'acte des révoltés fut signé de ton nom.
Cet acte accusateur, le démens-tu ?

CARLOS.

Moi ! non.

LE ROI.

Traître envers son pays ! rebelle à la nature !

CARLOS.

N'appartient-il qu'à vous d'étouffer son murmure ?
Oui, par mon désespoir un moment égaré...
Mais cet acte fatal, mes mains l'ont déchiré ;
Mon erreur faisait place à la reconnaissance,
Votre amour me rendait toute mon innocence ;
La voix d'Elisabeth, par un charme vainqueur...

LE ROI, *s'approchant de Carlos.*

Je connais l'ascendant qu'elle a sur votre cœur ;
La révolte d'un fils n'est pas son seul outrage,
Et des crimes plus grands...

CARLOS.

Ils sont tous votre ouvrage.

Vous a-t-on vu prêter votre oreille à mes cris,
Et du malheur du monde excepter votre fils ?
Non, l'inflexible roi fut un barbare père.
Un seul bonheur, un seul m'attendait sur la terre ;
Je m'enivrais d'espoir, j'échappais par l'amour
Au regret éternel de vous devoir le jour.
Mais Philippe était roi, mais sa main adultère
Dans l'objet de mes feux me présenta ma mère.
Mes pleurs en aucun temps n'ont fléchi sa rigueur :
Toujours sa main de fer a repoussé mon cœur.
Appelez les bourreaux, commandez les supplices :
Je les attends.

LE ROI.

Les noms de tes lâches complices ?

D'EGMONT.

Sire, le mien... J'eus part à ce noble attentat.

LE ROI.

D'Albe, qu'ils soient conduits dans les prisons d'État.

D'ALBE, à *Carlos.*

Au nom du Roi... rendez ce glaive.

CARLOS, *tirant son épée.*

A toi, perfide !

TOUS LES COURTISANS.

Ciel !

CARLOS.

Qui s'avance ?

LE ROI, *avec terreur*.

Infant ! contre qui ?....

TOUS LES COURTISANS, *tirant leur épée*.

Régicide !

Régicide !

CARLOS, *aux Courtisans*.

Pourquoi ce transport menaçant ?
Ne m'avertissez pas qu'on peut verser du sang.
Ne m'avertissez pas, lassé d'être victime,
Qu'on peut fuir le supplice en commettant le crime.
Philippe a prononcé mon arrêt sans pâlir ;
Laissez le parricide à qui veut l'accomplir !

PHILIPPE.

Vous voyez d'un tel fils ce que je dois attendre.
Gardes !.... Mais quoi ! quel bruit au loin se fait entendre ?

D'ALBE.

Le tocsin ! (*)

LE ROI.

Le tocsin !

(*) Le tocsin se fait entendre jusqu'à la fin de l'acte.

SCÈNE IX.

LES PRÉCÉDENS, GUSMAN.

GUSMAN, *au Roi.*

     Vos jours sont menacés;
Un peuple furieux s'avance à flots pressés.
Sire, vers ce palais la révolte insolente
S'ouvre, au nom de Carlos, une route sanglante.
Vous n'avez qu'un instant, bientôt...

    TOUS LES COURTISANS.

        Sauve le Roi!

   LE ROI, *à son fils.*

Tes vœux sont satisfaits, Carlos.

    CARLOS.

       Ce n'est pas moi.
A ce soulèvement un autre ici commande.

    D'ALBE.

Quel autre qu'un rebelle?

    CARLOS.

      Albe me le demande.

   L'AMIRAL, *au Roi.*

Sire, assurez vos jours, j'embrasse vos genoux;
Il faut...

    LE ROI.

  S'il faut mourir, mourons dignes de nous.

Viens, Carlos, ta fureur ne sera point trompée ;
Viens sur le sein d'un père essayer ton épée.
La foule te demande, et ce peuple égaré
Te proclamera roi sur mon corps déchiré.
Que tardes-tu ? Marchons !

CARLOS, *posant son épée aux pieds du Roi.*

Sire, voici mon glaive ;
Un trône différent pour votre fils s'élève ;
Avec un regard fier on m'y verra courir,
Et vingt ans de malheurs m'ont appris à mourir.
Venez, et présidez à mon arrêt suprême,
Sans être de ma mort plus troublé que moi-même.

(On emmène CARLOS et D'EGMONT.)

D'ALBE.

Sire, le bruit s'accroît, commandez...

LE ROI, *tirant son épée.*

Suivez-moi,
Et que les factieux reconnaissent leur Roi.

FIN DU QUATRIÈME ACTE.

ACTE V.

Le théâtre représente la salle de justice du palais. Une lampe de fer est suspendue à la voûte. Cette décoration, d'un aspect sombre, doit inspirer la terreur (*).

SCÈNE PREMIÈRE.

GUSMAN, LE ROI.

LE ROI.

Tout ce peuple est rentré sous mon obéissance,
Gusman, il a suffi de ma seule présence.
Philippe ne craint plus pour son autorité ;
Mais du sang de mon fils je suis épouvanté.
Il faut, de la prison qui lui sert de demeure,
Qu'il s'échappe en secret, ou que demain il meure.
As-tu rempli mon ordre ?

GUSMAN.

Oui, Sire, mes discours

(*) M. Taylor, qui a déployé un si grand zèle et une si grande habileté pendant le cours de son administration, avait conçu pour ce cinquième acte le projet d'une décoration que des circonstances indépendantes de sa volonté ne nous ont pas permis d'exécuter.

Ont flatté votre fils d'un généreux secours;
Feignant de murmurer presque contre vous-même,
De souffrir, comme lui, de votre joug suprême,
J'ai de tous ses périls réclamé la moitié.
Aisément l'infortune espère en la pitié :
Sire, je l'ai flatté qu'avant l'aube prochaine,
Peut-être, par mes soins, il briserait sa chaîne.

LE ROI.

Et qu'a-t-il répondu?

GUSMAN.

Qu'avant de fuir ces lieux,
Il voudrait à la Reine adresser ses adieux.

LE ROI.

Ses adieux... Ce souhait me rend toute ma haine.
Garde-toi cependant de soupçonner la Reine.

GUSMAN.

Moi, Sire...

LE ROI.

Élisabeth, d'un fils présomptueux
N'a point encouragé les feux incestueux.
Il est seul criminel. As-tu cette nuit même
Fait avertir le chef du tribunal suprême?

GUSMAN.

Dans l'instant devant vous il va se présenter.

LE ROI.

Sur le sort de mon fils je veux le consulter.

GUSMAN.

Lui! Malheureux Carlos!

LE ROI.

L'Espagne le révère.

GUSMAN.

Non, l'Espagne le craint... Son équité sévère
Conserve de la loi l'inflexible rigueur.
De quatre-vingts hivers le poids glace son cœur.
Aveugle, soupçonneux, jaloux de la couronne,
Il peuple de forfaits la nuit qui l'environne;
Ne rêve que complots, séditions, malheurs,
Et des infortunés il ne voit plus les pleurs.
Quand sur votre ordre exprès, pour vous donner une heure,
Il consent à passer le seuil de sa demeure,
Vos sujets effrayés se demandent tout bas
Quel est celui d'entre eux qu'on envoie au trépas.
Toujours prêt à porter la sentence fatale...

LE ROI.

C'est ici qu'autrefois, dans cette même salle,
Charles-Quint l'appelait pour les crimes secrets,
Et que du tribunal il rendait les arrêts.
Tu sais que ce vieillard éleva mon enfance,
J'en croirai, cher Gusman, sa longue expérience;
Et si nous faisons grâce à de si noirs complots,
Cette nuit en secret tu sauveras Carlos.
On vient : laisse-nous seuls; à toi je me confie.
Que personne n'approche, il y va de la vie.

(GUSMAN sort.)

SCÈNE II.

LE ROI, LE CHEF DU TRIBUNAL.

(Il s'avance soutenu par deux hommes vêtus de
longues robes noires, et se place devant le Roi.)

LE CHEF DU TRIBUNAL.

Suis-je devant le Roi, mon élève?

LE ROI, *assis.*

Oui, vieillard.
Il vous fait appeler près de lui.

LE CHEF DU TRIBUNAL.

C'est bien tard.
J'avais cru, si voisin de mon heure dernière,
Sans reparaître ici terminer ma carrière.

LE ROI.

Non, l'Infant don Philippe, aux heures du sommeil,
Veut, comme aux temps passés, vous demander conseil.

LE CHEF DU TRIBUNAL.

Charles-Quint, votre père et mon premier élève,
N'en eut jamais besoin : il régnait par le glaive;
Vous l'imitez trop peu. Pardon, Sire... Pourquoi
M'avez-vous appelé? Le temps m'est cher, à moi.
J'attends.

LE ROI, *à part.*

J'hésite encore à rompre le silence.
Je demande un conseil dont je frémis d'avance.

(Haut.)

Un coupable...

LE CHEF DU TRIBUNAL.

Faut-il que je dise son nom ?

LE ROI.

Mon fils est convaincu de haute trahison.
Vous comprenez, vieillard, qu'une telle victime...

LE CHEF DU TRIBUNAL.

N'est-ce que d'aujourd'hui que vous savez son crime ?

LE ROI.

D'aujourd'hui.

LE CHEF DU TRIBUNAL.

Mes leçons vous ont mal profité.
Je suis vieux, mes regards sont morts à la clarté ;
Mais mieux que vous encor je lis au fond des âmes.
De Carlos, de d'Egmont je connaissais les trames.

LE ROI.

Il était imprudent de les cacher ainsi.

LE CHEF DU TRIBUNAL.

En quelque lieu que fût Carlos, j'étais aussi ;
Je savais ses secrets comme je sais les vôtres.

LE ROI.

Philippe devait-il en être instruit par d'autres ?

LE CHEF DU TRIBUNAL.

Vous ne m'appeliez pas.

LE ROI.

Je courais un danger,
Vous deviez m'avertir.

LE CHEF DU TRIBUNAL.

Et vous, m'interroger.
Je ne suis pas content de vous... le joug vous pèse :
Contre nos ennemis votre haine s'apaise,
Vous voulez marcher seul, maître de vos destins,
Et l'erreur germe autour des bûchers presque éteints.
Tout cela demandait une leçon sévère.
J'en jure par le Dieu que l'Espagne révère,
Si je n'eusse aujourd'hui paru devant le Roi,
Philippe dès demain paraissait devant moi !

LE ROI.

Mesure tes discours, vieillard; qu'on se modère.
Parlons-nous sans hauteur, ainsi que sans colère ;
Je ne souffrirais pas que même au nom du Ciel...

LE CHEF DU TRIBUNAL.

Pourquoi donc évoquer l'ombre de Samuel?
J'ai vu régner trois rois...

LE ROI.

Parlons d'un fils coupable.

LE CHEF DU TRIBUNAL.

Nous attendons de vous un arrêt équitable;

Son crime est avéré. Que décidez-vous?

LE ROI.

Moi?

Qu'il s'échappe ou qu'il meure.

LE CHEF DU TRIBUNAL.

Eh ! bien?

LE ROI.

J'hésite.

LE CHEF DU TRIBUNAL.

Roi !

LE ROI.

Mais ce trépas d'un fils, ce meurtre volontaire,
Le justifirez-vous aux regards de la terre?

LE CHEF DU TRIBUNAL.

Sans doute.

LE ROI.

Dans quel sang je tremperais mes mains !

LE CHEF DU TRIBUNAL.

Un vrai roi du même œil doit voir tous les humains.
Vengez le ciel, le trône et votre politique :
Abraham au Seigneur livra son fils unique.

LE ROI.

Dieu ne l'accepta point.

LE CHEF DU TRIBUNAL.

Sans regret, sans remord ,
Condamnez le coupable.

7

LE ROI.

A la mort?

LE CHEF DU TRIBUNAL.

A la mort.

LE ROI.

Un fils de Roi!

LE CHEF DU TRIBUNAL.

C'est vous qui portez la sentence.

LE ROI.

Et son âme!

LE CHEF DU TRIBUNAL.

D'un prêtre il aura l'assistance.

Qu'il périsse!

LE ROI.

En secret.

LE CHEF DU TRIBUNAL.

Pourquoi?

LE ROI.

Dans ce séjour,

Par le poison, la nuit...

LE CHEF DU TRIBUNAL.

Sur l'échafaud, le jour;

Cette mort est juste.

LE ROI.

Oui.

LE CHEF DU TRIBUNAL.

Pour lui plus de refuge.

LE ROI.

Si je vous remettais mon office de juge ?
Puis-je m'en retirer ?

LE CHEF DU TRIBUNAL.

Oui ; remettez-le-moi.
Je me charge du soin d'interpréter la loi.

LE ROI.

C'est mon seul fils... s'il meurt, pour qui tant de fatigues ?
De travaux commencés, de combats et de brigues ?
Pour qui ce que j'ai fait et ce que j'ai tenté ?

LE CHEF DU TRIBUNAL.

Pour le néant, plutôt que pour la liberté !
Croyez-moi...

LE ROI.

Je ne puis résoudre son supplice.

LE CHEF DU TRIBUNAL.

Vous épargnez aussi, sans doute, sa complice.

LE ROI.

Sa complice !..

LE CHEF DU TRIBUNAL.

Oui, la Reine.

LE ROI.

Eh ! quoi ?

LE CHEF DU TRIBUNAL.

Jeune imprudent !

7..

Alvarès de leurs feux était le confident.
N'a-t-il rien révélé de cet affreux mystère ?

LE ROI.

Rien.

LE CHEF DU TRIBUNAL.

Qu'il vienne.

LE ROI.

Il est mort.

LE CHEF DU TRIBUNAL.

Sa grotte solitaire,
Que j'ai fait cette nuit en secret visiter,
Renfermait ce portrait qu'on vient de m'apporter.

(Il donne le portrait de CARLOS à PHILIPPE.)

LE ROI.

C'est la mort pour tous trois.

LE CHEF DU TRIBUNAL.

Que leur sort se décide !
L'inceste aurait conduit Carlos au parricide.
N'attendez pas qu'il vienne avec impunité,
Du meurtre de son père encore ensanglanté,
Et brisant de cent rois les volontés dernières,
De notre antique foi renverser les bannières,
Faire régner l'erreur, et détruire à nos yeux
Le seul temple où l'on veille aux intérêts des cieux.
Roi ! qu'un autre Absalon, trompé dans son ivresse,
Du milieu des vivans cette nuit disparaisse.
Deux mondes effrayés tombent à vos genoux,
Et Dieu, le Dieu terrible a les regards sur nous !

LE ROI.

Je veux voir la Reine... Oui... Gusman... Je veux l'entendre.

(A Gusman.)

Conduisez ce vieillard.

LE CHEF DU TRIBUNAL.

Sire, je vais attendre.

LE ROI, à *Gusman.*

Avertissez la Reine, et qu'elle vienne ici.

SCÈNE III.

LE ROI, *seul.*

Ma main tremble, et mon œil, d'un nuage obscurci,
A peine à distinguer ces traits, ce don funeste,
Où leurs noms enlacés étalent leur inceste.

(Il lit.)

Carlos... Élisabeth... Leurs destins sont remplis.
Que j'aime à contempler le portrait de mon fils!
Voilà ses traits empreints de son horrible flamme,
Tels que depuis trois ans je les vois dans mon âme.
Il a justifié ma haine et mes transports.
Je puis à l'échafaud l'envoyer sans remords.

SCÈNE IV.

LA REINE, LE ROI.

LE ROI.

Depuis trois ans, au fond de mon âme ulcérée,
Fermente le poison dont elle est dévorée;
Au jour de notre hymen, votre œil avec effroi
Même au pied de l'autel se détourna de moi.
Une pâleur subite, un trouble involontaire
Sur votre front d'avance imprima l'adultère.

LA REINE.

Sire...

LE ROI.

   Vous répondrez : je veux vous écouter.
Votre crime est certain, et je veux en douter;
Faites que dans mon cœur ce doute s'affermisse,
Empêchez qu'aujourd'hui l'Espagne ne frémisse.
Carlos a pu trahir le pouvoir paternel,
Brûler pour vos attraits d'un amour criminel;
Carlos, fils parricide, était né pour l'inceste,
Mais vous... vous...

LA REINE.

   Si Carlos d'une flamme funeste,
Depuis que je suis Reine, en secret a brûlé,
Sa bouche en aucun temps ne me l'a révélé.

LE ROI.

Jamais?

LA REINE.

Dieu nous entend... Dieu, devant qui peut-être,
Puisqu'on m'appelle ici, je dois bientôt paraître ;
Sire, si mon trépas est l'objet de vos vœux,
Vous régnez.

LE ROI.

Alvarès a reçu vos aveux,
Alvarès attestait aussi votre innocence.
Qui remit ce portrait, Madame, en sa puissance ?

LA REINE.

Ciel !

LE ROI.

Répondez !

LA REINE.

Moi.

LE ROI.

Vous !

LA REINE.

Lorsqu'autrefois l'hymen
Au prince votre fils dut engager ma main,
Lorsque nous embrassions tous deux cette espérance,
Ce portrait par ses soins me fut remis en France.
Il ne se doutait point, et Philippe le sait,
Que c'était à sa mère, hélas ! qu'il l'adressait.
Trois ans sont écoulés, Sire, et si votre épouse,
Découvrant contre un fils votre haine jalouse,

A craint qu'il ne payât, peut-être de son sang,
Ce gage d'un espoir autrefois innocent ;
Si j'ai voulu qu'un autre en fût dépositaire,
Ne punissez que moi, Sire, de ce mystère.
Je quitterai ce trône où j'ai long-temps pleuré,
J'irai cacher mes jours dans un cloître ignoré,
Ou si de vos états votre haine m'exile,
En France, à mes parens demander un asile ;
Mais épargnez un fils... Je tombe à vos genoux,
Ne lui ravissez pas ce jour qu'il tient de vous.
A vos pieds avec moi l'Espagne tout entière...

LE ROI.

Vous priez pour Carlos ?

LA REINE.

Sire, je suis sa mère :
Je réclame ce titre en ces affreux instans.

LE ROI, *à part.*

Je lirai dans son cœur...

(Haut.)
Madame, il n'est plus temps.

LA REINE.

Ciel ! Carlos ! votre fils !

LE ROI.

Il n'est plus temps.

LA REINE, *tombant sur un fauteuil presque évanouie.*
J'expire.

LE ROI, *à part.*

Ah! l'amour sur son cœur reprend tout son empire :
Elle laisse éclater ses secrets sentimens.

LA REINE, *dans le délire.*

Carlos... mon cher Carlos... je te suis.

LE ROI.

O tourmens!

LA REINE.

Réunis pour jamais! pour jamais!

LE ROI.

Plus de doute.

LA REINE.

Oui, tous deux... Parlons bas... ton père nous écoute...
Il saurait notre amour, et de haine enflammé...
Il ne saura jamais combien tu fus aimé!
Mais que vois-je! ce monstre à mes yeux se présente!
Il tient entre ses mains une tête sanglante...
La tête de son fils sur l'échafaud traîné :
Parce que je l'aimais, ils l'ont assassiné!
Carlos.

LE ROI.

De son forfait mon âme épouvantée...

LA REINE.

Au fond de ton cercueil une place est restée,
J'y descends... La mort vient et nous réunira.
Je suis libre d'aimer... La mort... je la sens là.

LE ROI.

Ils ont enfin rendu mes fureurs légitimes.
Sortons... réunissons ici mes deux victimes;
Punissons mon injure et leur double forfait.
Carlos veut voir la Reine, il sera satisfait,
Et trompé par Gusman, croyant fuir son supplice,
Rencontrera la mort aux pieds de sa complice.

(Il sort.)

SCÈNE V.

LA REINE, *seule, toujours dans le délire.*

Ah! ah! quel est ce sang? pour qui ces échafauds?
La foule autour de moi... c'est le sang de Carlos...
O mon père! Français, où m'avez-vous laissée?
Sur quel trône odieux mon père m'a placée!

SCÈNE VI.

LA REINE, CARLOS, *conduit par* GUSMAN.

GUSMAN.

Vous voulez la revoir?

CARLOS, *avec étonnement.*

En quel funeste lieu
Conduisez-vous mes pas?

GUSMAN, *lui montrant la Reine.*
Elle est ici.

CARLOS.

Grand Dieu!
Est-ce un songe funèbre? et ma terreur mortelle,
Troublant tous mes sens.... Non, c'est la Reine, c'est elle,
Glacée.... O nuit d'horreur!

LA REINE.

Toujours ce sang.. toujours.

CARLOS, *aux pieds de la Reine.*
Ces regards presqu'éteints, ces cris plaintifs et sourds,
Cette affreuse pâleur sur son front répandue...
Élisabeth....

LA REINE.

Sa voix, dans mon cœur entendue....
Où suis-je?....

CARLOS.

Élisabeth!

LA REINE, *reprenant ses sens.*

Carlos! quoi! ton trépas!!!
C'est Carlos; il me parle, il est entre mes bras.
Laisse-moi m'enivrer d'une vue aussi chère!

CARLOS.

Ciel!

LA REINE.
Oui, je t'aime.

CARLOS.

Vous.

LA REINE.

Je l'ai dit à ton père.

De mon cœur expirant ce cri s'est élancé.

Toi, tu le savais... oui... ce délire insensé,

Ce feu semblable au tien, qui dévorait mon être,

Tes yeux remplis d'amour n'ont pu le méconnaître ;

Nous entendions tous deux ce muet entretien ;

J'apprenais dans mon cœur tous les secrets du tien.

Tes pénibles combats, tes tourmens, tes alarmes,

Carlos, ils m'étaient tous révélés par mes larmes ;

Il me semblait, malgré l'absence et nos revers,

Que je t'appartenais dans un autre univers ;

Et quand tout séparait nos tendresses cachées,

Nos deux âmes brûlaient l'une à l'autre attachées.

CARLOS.

Je suis aimé !

LA REINE.

Carlos !

CARLOS.

Aimé... Je puis mourir.

Pour mon âme à ta voix le ciel vient de s'ouvrir.

Quoi ! dans ces jours cruels, dans ces heures si lentes,

Tes larmes répondaient à mes larmes brûlantes !

Carlos n'était pas seul en cette affreuse cour !

Tant de malheur était payé de tant d'amour !

De quel enchantement ma souffrance est suivie !

J'épuise en un instant le bonheur de ma vie,

Qu'on verse tout mon sang, qu'on m'immole à tes yeux,
Un hymen éternel nous attend dans les cieux.
Oui, j'en crois tes regards, tes transports, mon délire.

LA REINE.

Il n'avait pas suffi d'un jour pour t'en instruire !
Mais dans ce lieu, Carlos, qui conduisit tes pas?
Et d'où vient que le Roi m'annonçait ton trépas?
Périssons-nous tous deux victimes de sa haine?

CARLOS.

Un ami dévoué vient de briser ma chaîne.

LA REINE.

Tu peux fuir!!!

CARLOS.

Je venais, par un dernier adieu....

LA REINE.

Je l'ai reçu, pars.

CARLOS.

Moi, vous laisser en ce lieu,
Quand j'apprends votre amour, quand, trop digne d'envie,
J'achète ce secret aux dépens de ma vie ?

LA REINE.

Ta présence accroîtrait l'horreur de mon destin :
Si l'on te trouve ici, mon trépas est certain ;
Fuis pour sauver mes jours....

CARLOS.

Une espérance horrible...
Mon retour dans ces lieux sera prompt et terrible.

(Le Roi paraît au fond du théâtre.)

LA REINE.

Carlos !

CARLOS.

Élisabeth !... ô vengeance...

LA REINE, *s'arrachant de ses bras.*

O douleurs !

C'est le dernier adieu.

―――――

SCÈNE VII.

LA REINE, CARLOS, LE ROI, LE CHEF DU TRIBUNAL.

(Quatre hommes masqués et portant des flambeaux l'accompagnent.)

LE ROI.

Le dernier.

LA REINE.

Ah !!! Je meurs.

LE ROI, *au chef du tribunal.*

J'ai la preuve du crime, il ne m'en faut point d'autre.

Mon devoir est rempli ; vieillard faites le vôtre.

(Il sort.)

(La toile tombe.)

FIN DU CINQUIÈME ET DERNIER ACTE.

www.ingramcontent.com/pod-product-compliance
Lightning Source LLC
Chambersburg PA
CBHW060623100426
42744CB00008B/1481